南方+
频道共建方法论

张俊华◎主编

南方日报出版社
NANFANG DAILY PRESS
中国·广州

图书在版编目（CIP）数据

南方⁺频道共建方法论 / 张俊华主编. -- 广州 ： 南方日报出版社，2022.10
ISBN 978-7-5491-2618-7

Ⅰ. ①南… Ⅱ. ①张… Ⅲ. ①传播媒介-发展-研究-广东 Ⅳ. ①G219.276.5

中国版本图书馆CIP数据核字(2022)第175469号

南方+频道共建方法论
NANFANGJIA PINDAO GONGJIAN FANGFALUN

主　　编：张俊华
出版发行：南方日报出版社
地　　址：广州市广州大道中289号
出 版 人：周山丹
责任编辑：李　哲
特约编辑：蔡秀娟
装帧设计：二间设计
制　　图：张铭然　陈立楷
责任技编：王　兰
责任校对：朱晓娟
经　　销：全国新华书店
印　　刷：广东信源文化科技有限公司
开　　本：889mm × 1194mm　1/32
印　　张：6.125
字　　数：120千字
版　　次：2022年10月第1版
印　　次：2022年10月第1次印刷
定　　价：68.00元

投稿热线：（020）87360640　读者热线：（020）87363865
发现印装质量问题，影响阅读，请与承印厂联系调换。

《南方⁺频道共建方法论》

主创人员

主　　编：张俊华

统　　筹：孙朝阳　陈　戈

执行主编：黄学佳　张锦标

主　　笔：陈丹佳　莫　凡

魏金锋　杨　可

刘秋宜　林　露

陈婷婷

前言

◎范以锦
暨南大学新闻与传播学院名誉院长、南方日报社原社长

传统的内容生产方式和传播渠道已无法适应媒体深融的新趋势，作为主流媒体要善于打造新的内容聚集平台，创新传播方式。南方+客户端在凝聚广东各区（县）用户中打造共建频道，成为广东权威发布新平台，南方日报地方新闻部也进入这一场域大显身手。在“内容+分发为王”的理念下，他们在南方+深耕地方频道时既坚持内容为根本，又重视内容分发中的传播价值的创新；既坚守记者的职业本分，又具有产品经理人的意识，以有创意的内容产品精准连接用户。

《南方+频道共建方法论》一书，正是他们转型中实践经验的总结，有很强的现实针对性和可操作性。同时，《深融方法》《平台意识》《转型思维》《定向引爆》各章节有严谨的逻辑关系，具有一定的理论穿透力和前瞻性，这就使本书的价值得以提升。这部力作可以从一个侧面体现出南方日报已逐步转型为新型主流媒体，对其他主流媒体有借鉴意义。

目录

导论
自媒体背景下机构媒体的功能与责任

◎张俊华
南方报业传媒集团（南方日报社）副社长、副总编辑

科技进步改变新闻资讯内容生产方式及传播格局，自媒体成为传播格局中的重要力量，机构媒体需要秉持拓展和巩固党的舆论阵地的功能与职责，秉持“长期主义”有效实施下沉策略则是必由之路。下沉策略体现在传统媒体下沉、新媒体移动端下沉、高素质人才下沉等方面，其中高素质人才下沉是核心。下沉策略的愿景是在时刻牢记自身职责使命的基础上，建成高水平新型主流媒体。

近年来，随着移动通信技术、人工智能技术的不断普及和应用，自媒体发展迅猛。用户通过一部智能手机不仅可以接收信息，还能成为信息的发布者和传播者，并参与观点的自由表达。在此背景下，机构媒体的生存环境已经发生深刻变化。如何加快实现媒体深度融合发展，建设高水平新型主流媒体，已成为主流媒体在巩固宣传思想文化阵地、壮大主流思想舆论实践中亟待解决的

问题。推进机构媒体深度融合发展是一项复杂而艰巨的工程。经历连续多年的实践探索，南方报业传媒集团以传播力建设为抓手，抓住窗口机遇期，集中优势资源，做强新媒体拳头产品，进而引领整体发展变革，提升品牌影响力。2022年初，集团进一步认识到主流媒体的功能和责任，发出坚持“长期主义”的动员令，提出深入实施下沉策略，通过党报、党端的功能提升和服务下沉，全力把南方$^+$建设成为高水平新型主流媒体，推动主力军全面挺进区域主战场。

一、新形势下机构媒体的责任和功能要求必须实施下沉策略

南方报业传媒集团是一家权威的新闻传媒集团，媒体阵容强大，拥有南方日报、《南方》杂志社、南方新闻网、南方农村报、南方周末、南方都市报等传统媒体；南方$^+$客户端是集团近年创办的移动新媒体，承载着南方报业向移动互联网转型的希望。截至目前，南方$^+$客户端下载量已超9500万，共建频道超过400个，日活用户数达到600万。如何主动适应新时期媒体融合发展要求，守好意识形态安全“南大门”，是南方报业的一道必答题。习近平总书记2019年1月25日在中共十九届中央政治局第十二次集体学习时强调，推动媒体融合发展，“要坚持一体化发展方向，加快从相加阶段迈向相融阶段，通过流程优化、平台再造，实现各种媒介资源、生产要素有效整合，实现信息内容、技术应用、

平台终端、管理手段共融互通，催化融合质变，放大一体效能，打造一批具有强大影响力、竞争力的新型主流媒体”。这为南方报业的媒体融合发展指明了方向。

1. 科技进步改变新闻资讯内容生产方式及传播格局

现在从某种意义上说，我们已经进入自媒体时代，传统媒体新闻内容的生产和传播方式已发生根本性变革。在新闻第一现场，任何人只需要一部手机，即可以对外分享并传播即时发生的新闻资讯。如此一来，新闻内容生产的专业性以及原有的传播渠道受到了前所未有的挑战，传统机构媒体失去往日对新闻资讯源的垄断优势，进而失去了读者优势，影响力日渐弱化，部分传统媒体甚至被迫退出了历史舞台。因此，不少人认为，今日头条、腾讯、百度、“两微一快一抖”（微信、微博、快手、抖音）这些市场化集聚平台影响力很高、传播力很强，传统机构媒体再无用武之地。

但自媒体传播机制存在诸多缺陷，国家正在完善对其的监管机制。一方面，传播介质呈现多样化，网络上各种信息真假难辨，难以监管，大量受众因为不了解事实真相，但又拥有信息传播的手段、工具和平台，在这一过程中加快和扩大了虚假、不良信息传播的速度和广度，各种各样的小道消息泛滥成灾，网络诈骗、电信诈骗、校园骗贷等犯罪行为层出不穷、无孔不入，严重扰乱了信息传播的正常渠道和社会管理秩序，老百姓深受其害，部分受众甚至还因此遭受了严重经济损失乃至付出生命。

另一方面，新闻内容生产的专业性被严重低估、忽视，致使大量虚假、不良信息经自媒体肆意传播。自媒体因监管措施的相对滞后，在内容尺度、表述呈现方式等方面受限更少，使得“灰色资讯”通过自媒体海量传播、大行其道，而体制内机构媒体循规蹈矩、按部就班，市场占有率逐渐降低，影响力日渐弱化。“窘境”面前，占领用户，巩固阵地，是新时期媒体融合过程中机构媒体必须迈过的一道坎。这需要机构媒体攻克一道道技术壁垒、克服一个个行进中的难关，改变传统内容生产及传播方式。

2. 职责使命引领下的媒体责任

习近平总书记 2019 年 1 月 25 日在中共十九届中央政治局第十二次集体学习时的讲话指出：“准确、权威的信息不及时传播，虚假、歪曲的信息就会搞乱人心；积极、正确的思想舆论不发展壮大，消极、错误的言论观点就会肆虐泛滥。这方面，主流媒体守土有责，更要守土尽责，及时提供更多真实客观、观点鲜明的信息内容，牢牢掌握舆论场主动权和主导权。主流媒体要敢于引导、善于疏导，原则问题要旗帜鲜明、立场坚定，一点都不能含糊。”当今社会，在信息海量、繁杂、真假难辨的舆论空间中，机构媒体的存在意义不言而喻。传统机构媒体除了具有专业新闻属性外，还具备专业生产、制作、刊播资讯信息的平台，且能通过主动对所传播的资讯信息进行甄别、梳理和把关，去伪存真，引领导向，弘扬正气，抵制不良虚假信息传播，从而为人们营造一个健康、清朗的舆论环境，进一步拓展和巩固主流舆论阵地——

这就是传统主流机构媒体功能与职责所在，这种功能和作用是其他自媒体、市场化媒体无法替代的。

基于传统机构媒体的功能和职责，南方报业提出深入实施下沉策略，更好巩固壮大党的新闻舆论阵地。因为读者在哪里，阵地就在哪里。过去，不少人以为占领了城市就是占领了舆论阵地，忽视、放弃了乡村基层阵地；如今，城市与乡村之间已然没有了时空障碍。移动传播彻底改变了城乡之间的传播格局，在资讯传播领域，城市与乡村浑然一体，同步传播、同步接收、同步议论。人们不仅关注城市新闻，同样也关注乡村新闻，尤其是有趣的乡村新闻，更为人们所津津乐道。改革开放以来，随着城市化进程的不断加快，农民洗脚上田，进城务工。据有关部门统计，截至目前，我国的城镇化率达到 65%，沿海地区超过了 75%，85% 的人口居住在城市里。乡村振兴，城里人关注乡村，乡里人关心城里，人们获取并交流信息离不开媒体平台。乡村振兴需要舆论引领，“激浊扬清、摧邪显正”更是党媒职责所在。

3. 业务下沉是机构媒体融合发展的必然要求

信息，泛指人类社会沟通和传播的一切内容。人类活动过程中产生信息、传播信息。信息传播具有目的性，是意识形态领域的产物。世界上任何执政党想要有效管理社会，首先必须有效管理意识形态并占领意识形态领域高地。信息阵地（或叫信息平台）是意识形态工作的基本依托，你不占领他人占领。机构媒体，尤其是主流机构媒体（信息平台的建设者），不能也不应该将党的舆论阵地拱手让人。将基层乡村同步纳入新闻信息资讯传播体系，纳入党的舆论阵地建设和管理范畴，是新时期新闻统战工作和媒体融合发展的必然趋势，也是党媒巩固舆论阵地的必然要求。因此，下沉策略意义重大。

习近平总书记指出："基层是一切工作的落脚点。"作为党的新闻舆论工作生力军、主力军，主流机构媒体就是要通过下沉更好地扎根基层，借助报、刊、网、端多种话语方式和传播介质，牢牢掌控主流媒体在基层的主动权、主导权和话语权。南方报业希望通过南方日报、南方⁺的下沉实践，尤其是地方记者站、分社深耕基层、扎根基层，对基层用户实现全方位深度连接，探索并实践机构媒体在新的历史时期的责任和担当。

二、秉持"长期主义"有效实施下沉策略

厘清了主流机构媒体的功能与职责，另一个问题自然浮出水面：新时代历史背景下，主流机构媒体如何履行其功能与职责？作为坚持"长期主义"的一个重要举措，南方报业作出部署，通过坚持报、刊、网、端融合生态，坚持旧业和新业并存，统筹推进媒体融合发展。

1. 继续推动传统媒体的下沉

所谓"下沉"，其实是一个老话题。南方日报创刊初期在广东各地设立记者站，这是下沉；2004 年分别在深圳、佛山和东莞

创办地方观察版，也是下沉；如今，我们接续开清远、梅州、汕头、茂名、潮州和湛江等城市的地方观察版，还是下沉。虽然都是下沉，但今天的下沉与过往的下沉有着本质上的区别。我们必须承认，纸媒时代已然成为过去。通信技术和人工智能改变内容生产和传播格局，传播介质呈现多样化，但不是相互取代，更不是互相残杀。媒介多样化时代，我们需要营造的是“共生共荣、此长彼长”的传播格局，为用户提供、呈现更多可供选择的信息资讯和读取介质。在多样、繁杂的传播介质中，“良币驱逐劣币”定律来了，人们有权选择适合各自习惯的介质，有人喜欢电视、有人喜欢报纸、有人喜欢手机，或是某个时段看电视、某个时段看手机、某个时段看报纸，三者兼有之的也大有人在，移动智能传播媒介的出现，只是多了一种可供人们选择获取新闻资讯信息的载体罢了。经过十多年的选择比较，人们发现，与新媒体比较，除了阅读习惯外，传统纸质媒体白纸黑字，更能彰显出其可靠、严肃的特质，且信誉跃然纸上。因此，重塑传统报纸功能，延伸传播链条势在必行，我们把区域版地方观察（市级区域报纸版面）、视窗（县级区域报纸版面）作为传统媒体进一步提升服务能力的重要举措之一，这也是我们贯彻落实广东省第十三次党代会提出的“党报功能提升工程”的重要举措。所以，我们要继续深耕区域市场，扎根基层、践行“四力”。把传播链延伸至街道、乡村，聚焦地方党委、政府中心工作，关注关心百姓生活，连通上下，讲好县（区）故事，满足人们多方面、多样化、多层次的资讯信息与精神文化需求，激活基层声音，提高主流媒体的影响力和引领力。

可能有人对此会有疑问：都进入全媒体时代了，手机如此方便，很多地级市的报纸发行量都在收缩，为什么还要讲纸媒的下沉？这是因为，粤东、粤西、粤北发展的情况和条件各不相同，很多地方的党政班子主要领导比较之下还是认同报纸这种传播形式，起码目前还没有任何一种传播介质能够完全取代报纸，对这一点我们必须要有足够清醒的认识，不能妄自菲薄，自己把自己赖以生存的主业给唱衰了；当然，我们也不能盲目乐观、自以为是。我们必须继续深耕传统媒体，但更要发展新媒体，在新旧媒体交融发展过程中坚持“两条腿”走路的方针。我们要认识到，《地方观察》和《视窗》不仅仅是一张新闻纸，还是我们针对地方党委、政府需求提供的意识形态领域的特殊服务，这项工作是一项极端重要的工作，需要秉承极高的政治站位和理论修养去领悟和思考。基于此，传统媒体的下沉，其实质是高质量内容生产的下沉。

2. 推动新媒体移动端的下沉

运营好更多南方⁺共建频道，占领地方舆论场，并通过地方频道激扬地方声音，这是下沉策略的重头戏。一是在合作共建频道数量上下足功夫。合作频道多多益善，除了继续加快拓展地级市直、县（区）直各单位以及所在地上市企业、国有大中型企业频道合作共建外，还要进一步拓宽合作视野，把有潜力的镇、街道甚至人口集中、经济规模总量较大的自然村都纳入合作共建频道范围，以最有效、最直接的方法渗透到基层末端，把频道合作共建到基层党支部上。二是在合作共建频道质量上下功夫，决不能让合作共建频道成为“僵尸频道”，这是合作共建频道质量保证的最基本要求，要制定最严格、可供操作的规章制度杜绝“僵尸频道”的形成。同时，我们要加大合作频道内容更新力度，要舍得在人力、物力和财力上投入，让合作共建频道活起来，活出欢快的影响力。三是阵地下沉，下沉是“人、财、物”的下沉，相对于总部而言，记者站是前沿阵地，但这里所指的阵地，是在记者站前面又增加设置的“桥头堡”小阵地，即把驻扎在市区记者站的部分人员延伸前移、下沉到县区街道中去，用最直接、最直白的方式获取最鲜活的资讯内容，及时更新、维护基层末端的频道。

3. 推动高素质人才的下沉

高质量内容生产的下沉需要高质量人才队伍的支撑。长期以来，记者站人才奇缺，业务发展举步为艰。虽然最近几年，南方报业高度重视驻地方记者站各项建设，尤其是 2022 年初提出下沉策略以来，驻地记者站各项工作面貌焕然一新，频道建设成绩斐然，经营业绩蒸蒸日上。但是，人才下沉仍然受制，究其原因：远离总部、工作繁杂、专业受限、待遇偏低、进步缓慢等，都导致报社年轻业务骨干以及校招大学生不愿意下记者站或者下站意愿不强。

但新时期驻地方记者站发展需要复合型的高素质人才。全媒体时代，光有“记录”还远远不够，好记者还须具备议题设置能力。每一个优秀的记者都应该是一个意见领袖，须具备敏锐的议题设置能力并能让人们关注这个话题，引起共鸣；在具体业务上，要具备“采、写、编、剪、播”一条龙能力；同时，作为省委机关报的记者，还要能站在省委的政治高度，围绕中心，服务大局，发挥省委机关报公信力强的优势，认识、理解、传递所在地党委中心工作，引领导向，彰显省委机关报的能力和水平。

为此，必须采取有效措施使高素质人才下沉到地方记者站。一要建立科学的人才流通机制，鼓励总部业务骨干下基层锻炼，同等条件下，优先提拔使用具备记者站工作履历的业务骨干；二要提高薪酬待遇，同等职务、职级的记者站工作人员，按同等职务、职级给予相应的驻站薪酬补差；三要在专业职称评定方面，同等条件下给予驻站人员优先；四要加大培训力度，为驻站人员提供更多、更专业的培训机会，例如每个季度至少召开一次驻站人员业务交流培训会，安排报社领导、专家学者现场授课，与时俱进，不断更新从业人员知识结构，培养一支高素质新型全媒体驻站采编队伍，为业务下沉打下扎实人才基础。

4. 推动技术运用平台的下沉

从传统媒体到新媒体，从报纸版面到手机界面，新闻还是新闻，不以人的意志为转移，但新闻的发布形式和传播载体却发生了深刻变化，新闻呈现的形式要与日益多样化的新闻传播介质相匹配，新闻从业人员职业技能也须更新迭代。今天，手机已然成为人们获取新闻资讯最便捷的介质，适应手机界面的呈现方式成为新闻资讯生产制作的日常。这就需要推动技术运用平台的下沉以更好地生产、制作适应全媒体介质的高质量新闻资讯内容。

三、建成高水平新型主流媒体是下沉的愿景

目前，南方+客户端在全国省级党报自有平台中排第一位，但南方+的建设还处在初级阶段，还未能真正成为广东第一媒体。南方+还须咬紧牙关，扛过下沉深耕的艰辛，推动南方+从“低水平”向“中等水平”迈进，最终建成高水平新型主流媒体。

1. 时刻牢记自身的职责和使命

在我们努力的过程中，对自身的职责和使命一定要有足够清醒的思想认识。各地分社和记者站，是省委党报集团派出的工作机构，具有极强的政治属性、媒体属性，是派出机关的职能在派驻地的延伸与拓展，是集团媒体业务下沉依托的主要力量和工作平台。记者站（分社）虽然设立在地方，但其本质是上级单位业务发展的落地化，总部的利益与记者站的利益是一致的。《南方日报》的发刊词里写道：“除了中国人民和华南人民的利益之外，我们没有别的利益。”党报、党端要始终代表人民的利益，为社会的发展鼓与呼。各地分社和记者站，社长、站长以及每一位从业人员，都应该尽力推动所在地的社会发展，并以此为己任。

2. 把社会效益放在首位，实现多方共赢

集团要积极作为，通过良性的发展让党和政府得益，让社会得益，让用户得益，让自身得益。我们常说“守土要有责”“有为才有位”，对于各地分社、记者站来说，这个“责”和“位”，就是要当好区域舆论场的把关者、引领者。要如何“为”才能有其“位”？就是要坚持正确舆论导向，强化内容生产传播的主业地位，发挥内容生产优势，持续提升传播力建设，打造有生命力、影响力的高品质内容产品，形成更强大的舆论引导力，凸显自身的政治价值和社会价值。

3. 牢记职责和使命，携手建频道

南方+以频道共建模式，与地方党委、政府深度合作，实现功能之变。南方+是信息传播的载体，也是民生互动的平台，更是基层治理的工具，它让党的声音抵达基层最末梢。南方+以频道共建模式，创新产品业态，以开放的平台，连接各方用户，创造更大价值。主流媒体与地方工作，从相加走向相融，互为价值，融合发展。

第一章 深融方法

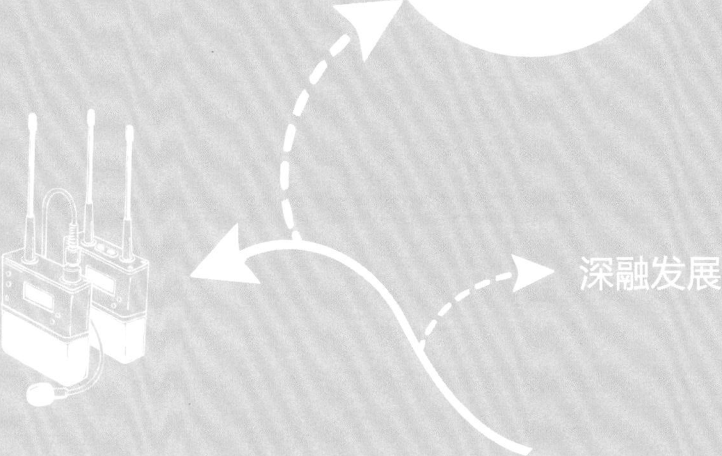

铁肩担道义，携手建频道。

南方⁺以频道共建模式，与地方党委、政府深度合作，实现功能之变，是信息传播的载体，也是民生互动的平台，更是基层治理的工具，让党的声音抵达基层最末梢。

南方⁺以频道共建模式，创新产品业态，以开放的平台连接各方用户，创造更大价值。

主流媒体与地方工作，从相加走向相融，互为价值，融合发展。

新型主流媒体挺进区域主战场

南方⁺地方频道深度融合发展初探

2020年9月，中共中央办公厅、国务院办公厅印发《关于加快推进媒体深度融合发展的意见》（下称《意见》），明确了媒体深度融合发展的总体要求，这意味着媒体融合已步入深水区，探索创新、深度融合的进程来到关键当口。早在2018年3月，作为南方日报融合发展主平台，广东权威移动发布平台南方⁺客户端就提出了以频道建设为载体，推进与地方党委、政府开展深度合作，推动新型主流媒体资源下沉到区域，聚焦地方党委、政府中心工作，积极探索主流媒体与地方工作之间从相加走向相融的新模式。以优质内容占领、守牢网络舆论场，切实提升主流媒体的传播力、引导力、影响力、公信力，做大做强区域主流舆论阵地。

在全面挺进区域主战场过程中，南方⁺坚持一体发展、坚持移动优先、坚持科学布局、坚持改革创新，在技术保障的前提下，从平台、内容、机制、人才等四个维度发力，逐步探索出南方⁺地方频道深度融合发展的新路径。

一、开放平台，以“多方共建”优化用户体验

截至 2020 年 10 月，仅两年多时间，南方⁺频道建设全面覆盖广东各地级以上市及区（县）。包括垂直领域的 300 多个地方频道扎根基层，成为广东“新闻＋政务服务商务”移动发布新的主战场。深耕这些陆续建成的地方频道，服务地方中心工作的同时，南方⁺又为年轻记者融合发展打造创新舞台，记者面临着新课题、新挑战。

作为南方⁺深耕区域的一块试验田，南方⁺地方频道经过“三步走”，逐步从提供媒体服务走向了平台化“多方共建”。

第一步，采用合办频道方式，打造信息“全集纳”平台；第二步，试点垂直领域“多方共建”，以新模式连接更多优质用户；第三步，拓展深度调研、第三方评估、舆情研判、咨询培训、论坛活动等特色化、定制类服务，形成新的产品服务体系，实现新闻和智库协同生产。“三步走”帮助地方频道逐步实现与用户之间的共生共融，从而搭建起一个媒体与用户互为价值、融合发展的共建生态，以自身打造平台的创新实践，为融合发展提供了新的视角。

细致到子平台的打造，南方⁺同样以“连接更多用户、创造更大价值”作为导向，不断扩大朋友圈，为平台凝聚更多核心资源。健康清远频道开通一个月，共建医疗机构就达到 9 家。“多方共建”使用户参与感得到提升，也为频道内容活跃呈现打下基

新型主流媒体挺进主战场
——“南方+”地方频道深度融合发展初探

关键词：新型主流媒体 “南方+”地方频道 融合发展

● 黄学佳 张锦标

《新型主流媒体挺进主战场——南方⁺地方频道深度融合发展初探》发表于《新闻战线》2021年第1期

础。在2020年新冠肺炎疫情初期报道中，汕头医疗频道创下单条稿件全网1.47亿阅读量的纪录，医疗系统参与内容策划、分发，助推了爆款产品的形成。

实践证明，“多方共建”这一招，进一步激发了媒体活力，释放了新的生产力。在推动“多方共建”的过程中，媒体不仅通过内容去服务用户，更让共建平台成为互动体验平台，共建对象也成为平台内容创意的策划方和输出源。

二、践行“四力”，集约化扩大优质内容产能

优质内容策划生产是传统主流媒体的优势所在，也是新型媒体的生存发展基础，更是用户选择与媒体共建的重要原因。通过摸索发现，开展内容生产供给侧

结构性改革，采编策划团队下基层、“强四力”上门服务，是行之有效的一招。

通过前期介入策划，只上门、不驻点，定期或不定期将选题策划会开到共建单位，与共建单位组成新媒体工作小组，完成理念、内容、形式、方法、手段等创新，策划输出原创内容，用一支队伍服务多个频道平台的方式，集约化策划生产扩大了优质内容产能。

比如，如何治理劣Ⅵ类的练江，是潮汕老百姓多年的沉重话题。2018 年 6 月，借中央环保督查“回头看”契机，南方日报、南方+启动的“练江驻河深调研”活动，正是基于吸引广大群众参与讨论的地方新闻重点策划。32 组全媒体记者约 70 人次走近练江，分批团队作战，在练江流域汕头段展开长达 180 多天的驻河行动，陆续在报、网、端推出驻河日记，以手绘动漫为背景，融入现场图片、音视频、互动游戏、互动答题等，既有趣味性又具感染力。这些融媒体产品在汕头各级河长、一线干部及群众中广泛转发。新媒体能力与“强四力”紧密结合，使系列融媒体产品产生了强大的传播力和引导力。

作为试点之一的南方+健康清远频道，正是以优质新闻作为“拳头产品”，推行常态化的选题策划，并以此带动了更多常态化栏目的开设，如“医体验”“有医据”“院长来了”“博士来了”等，实现了新闻产品多样化，成为清远医疗系统高度参与的发布平台。在人力资源有限的情况下，该频道合理统筹外部资源，与共建单位合作共同制作短视频，在线索挖掘、文案写作、视频拍摄、后期制作、MG 动画等领域实现资源整合，目前与共建单位共同开设的医学科普视频栏目“有问医答”受到业内广泛关注，已成为清远健康领域的热门 IP。

三、创新机制，平台管理走向规范化精细化

当地方频道发展到一定规模时，制度保障、流程管理便变得尤为重要。制订符合频道实际、可操作性强的制度和流程，才能实现一体发展、科学布局，为加快融合步伐打牢基础。

以“三审”制度、全天候在岗管理、频道首页化及推送工作机制等日常管理制度为基础保障，实现内容输出逐渐走向规范化后，南方⁺地方频道进一步将管理推向精细化，以此促进频道质量的跃升，让共建工作更有章法。其中，频道责任制的试行是“关键一招”。

所谓频道责任制，就是在有创新和担当精神的青年记者中挑选频道主编，对该频道的内容生产、新闻策划进行精细化管理。日常采编、内容优化、通讯员管理、对接用户需求、质量评估及拓展用户等工作均由频道主编独立或协调团队共同完成。因此，频道主编必须从深耕该领域的层面来思考，通盘谋划优质内容的策划和生产，输出主流媒体自身价值。

频道责任制同步试行独立考评。频道主编每月从频道稿件的

流量、质量、数量、采编难度等方面进行考评，根据每月的稿件情况适度调整稿费标准，并设置超额完成奖，超额部分采取累进奖励。

四、共同成长，力促平台与人才同步发展

《意见》明确，要把更多熟悉新媒体的中青年优秀人才充实到关键岗位，充分释放人才活力。地方频道不仅是南方+作为新型主流媒体扎根基层、实现与地方之间融合发展的平台载体，它更是各记者站聚合优质资源、培养“一专多能”人才的平台。地方频道运营的背后，是记者站组织力、执行力和战斗力的体现。与此同时，它也是记者和编辑策划、采编、组织、协调等多方面能力的“练兵场”。

在遵循国家有关法律法规、行业规则和报社制度的前提下，试点责任制赋予频道主编更多的话语权与决定权，激发活力和首创精神，由此延伸出频道内容的更多可能性。在 2020 年 7 月健康清远频道联合清远市人民医院发起的近视摘镜大型公益活动中，频道主编就被赋予了“活动策划统筹人”的新角色。健康清远频道临时搭建一个工作小组，以虚拟团队的形式完成采编、拍摄、后期制作、制图等工作，而产品思路、质量均由主编进行把关。同时，主编负责“分蛋糕”，根据小组成员的工作量及劳动强度进行考核，并根据有关规定予以奖励，从而提高小组成员参

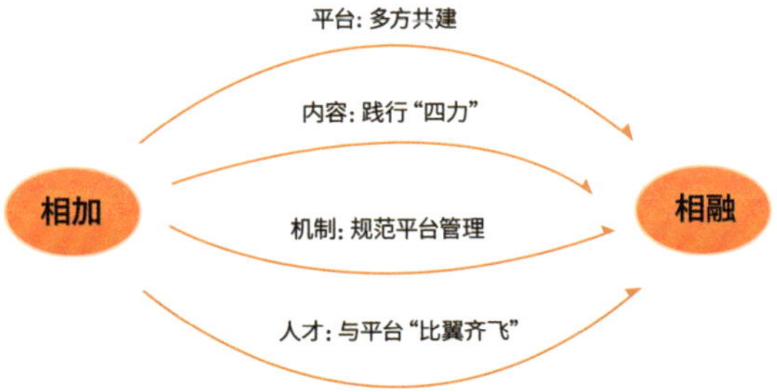

平台、内容、机制、人才四维发力，探索深度融合发展路径

与的积极性及活动传播的质量。

媒体深度融合发展既是挑战，也是这个时代赋予青年记者的重大机遇。参与试点的频道主编认为，记者转换角色后，在小范围内完成个人的转型升级，一域出彩，更为全局添彩。

对平台成长而言，“互联网＋”给媒体融合带来的可能性远不止于此。依托南方日报的社会资源整合能力、品牌影响力，地方频道完全有条件创新产品业态，成为相关产业链内连接各方的新平台。以医疗垂直领域为例，在积累了大量的医生、医疗机构和用户资源后，频道将扩大使用功能，让每一位打开地方频道的用户找到更多阅读之外的服务。

从相加到相融，从合作合办走向多方共建

南方+汕头频道共建“三步走”

党的十八大以来，习近平总书记曾在多个场合就媒体融合发表重要论述。2016 年 2 月 19 日，在党的新闻舆论工作座谈会上，习近平总书记指出，要尽快从相“加”阶段迈向相“融”阶段，从“你是你、我是我”变成“你中有我、我中有你”，进而变成“你就是我、我就是你”，着力打造一批新型主流媒体。2019 年 1 月 25 日，中共中央政治局第十二次集体学习时，习近平总书记强调，推动媒体融合发展，“要坚持一体化发展方向，加快从相加阶段迈向相融阶段，通过流程优化、平台再造，实现各种媒介资源、生产要素有效整合，实现信息内容、技术应用、平台终端、管理手段共融互通，催化融合质变，放大一体效能，打造一批具有强大影响力、竞争力的新型主流媒体”。

按照中央和省委部署，南方报业传媒集团坚持将创新作为发展的第一动力，加快媒体深度融合和智慧转型，为巩固壮大主流舆论阵地培土固本。特别是党的十九大胜利闭幕后，集团深入开展“大学习、深调研、真落实”活动，围绕建设智慧型文化传媒

集团的目标，将 2018 年确定为“智慧转型年”，将智慧、智能理念贯穿到媒体融合和产业转型的全过程，以移动优先、数据驱动、技术赋能带动集团创新发展。

在探索深度融合、智慧转型的过程中，集团以频道共建为载体，与地方党委、政府深度合作，推动主流媒体资源下沉到区域，聚焦地方党委、政府中心工作，结合区域发展的具体工作展开各项共建工作，以此做大做强区域主流舆论阵地，探索主流媒体与地方工作之间从相加走向相融的新模式。

作为集团深耕深度融合、智慧转型的其中一块试验田，南方⁺汕头频道（下称“汕头频道”）从用户思维出发，因势而谋、应势而动、顺势而为，不断探索、拓展、优化共建模式，推动共建

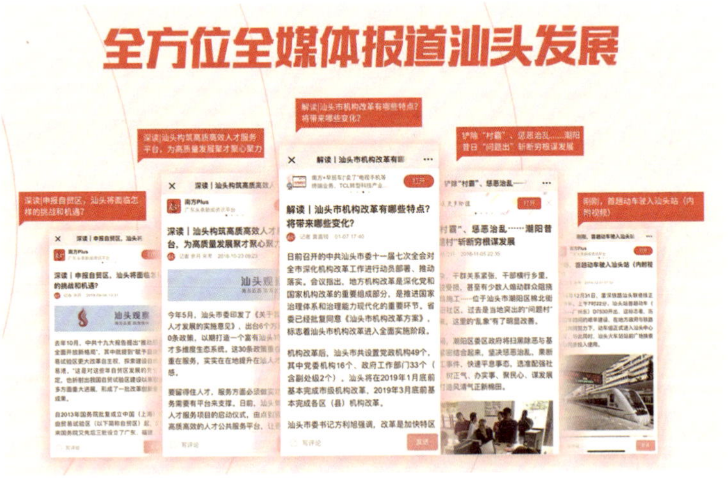

全方位全媒体报道汕头发展

汕头频道 2018 共建时间轴

子频道从双方共建的合作合办走向多方共建，以新模式连接更多优质用户、核心用户，并以优质原创内容为支点输出自身主流价值，逐步实现与用户之间的共生共融，从而搭建起一个媒体与用户互为价值、融合发展的共建生态，为进一步建设“智慧媒体”，打造具有强大影响力、竞争力的新型主流媒体探路。

频道共建第一步：打造信息“全集纳”平台

在探索共建的过程中，汕头频道不断思考、实践的首要问题，便是“南方+汕头频道能为用户带来什么？”我们发现，主流媒体强大的内容策划、生产能力及舆论引导能力，是用户选择与媒体共建的最重要的原因。

2017 年，汕头频道从“以用户为中心”的思维出发，尝试以“驻点服务”的方式，派员进驻共建对象单位，与对方共建新媒体中心，用自己的平台介入用户的工作。

实践发现，这种共建模式虽能较为精准地把握用户需求、提升服务能力，但其人力成本过高，且驻点人员极易与共建单位人员“混为一用”，导致驻点人员工作量增加，从而一定程度上影响共建效率。

为克服这一弊端，2018 年，汕头频道创新服务理念，对共建模式进行研究优化，通过输出策划团队，与用户团队一起组成新媒体工作小组，只上门、不驻点，定期或不定期将选题策划会开到共建单位，与用户密切配合，策划、输出原创内容，拓展出“策划团队服务多个用户”的“一对多”服务方式，集约化策划生产内容。

与此同时，汕头频道依托省委党报，充分发挥南方日报规划和管理信息流的核心优势，以内容原创、整合录入、抓取推送作为三大内容来源，全面提升区域在移动端的内容生产水平和抓取

汕头频道首页及其上线总流量

信息档次，打造一个更加即时、权威、全面、强势的信息发布渠道，为共建对象搭建起一个信息全集纳平台。

通过这种“双方共建”模式的复制，2018 年，汕头频道逐步与 9 个区（县）、部门、单位实现共建，在频道首页开设了 9 个子频道。

频道共建第二步：打造相加相融互动平台

打造信息全集纳平台只是汕头频道共建的 1.0 版本。在持续思考、顺应用户需求的基础上，汕头频道不断探索媒体融合发展新路径，通过优化共建模式，引导、创造用户需求。

2019 年伊始，汕头频道从挖掘新的增长点出发，开拓新的频道共建方式——由汕头频道与某一垂直领域的若干单位联合共建，以新模式连接更多优质用户。2019 年 1 月试运营的汕头医疗频道，就用两周时间，实现第一批与汕头大学附属第一医院等 5 家医院的联合共建，成为汕头频道的第 10 个子频道。

实际上，这种共建对象的“矩阵”模式最早是在政府部门开展实践。如汕头纪委监委的频道工作，一开始是“汕头频道＋汕头纪委”的“1 ＋ 1”，以此作为基础，统筹全市六区一县纪委监委宣传写作团队后，就变成“1 ＋ 8”的矩阵效果，并在矩阵内部实现工作质量和影响力的双提升。

持续的探索优化，令主流媒体与用户之间从相加逐渐步入相融，汕头频道“多方共建”模式逐渐形成。

随着汕头频道共建模式由双方共建逐步发展到多方共建，如何促进频道质量的进一步提升，通过内容或服务输出更多价值，将核心用户运营好、服务好，“升级”共建模式，也成为摆在汕头频道面前的问题。

我们认为，共建频道不应该仅仅是一个信息集纳平台，更应该成为共建对象离不开的工具。因此，汕头频道选择“融入对方工作”，努力做到与共建对象“你中有我、我中有你”。

这背后的核心逻辑，是用户连接方式的深度改变。媒体融合，说到底是“人”的融合。建立共建平台，实际上就是媒体与共建对象之间的融合。在推动双方共建、多方共建的过程中，媒体不能仅仅通过内容去运营客户，更应该让共建平台成为互动平台，

汕头矩阵南方号影响力排行榜

汕头矩阵9月排行榜

排名	南方号名称	指数
1	汕头市政府应急办	906.76
2	汕头发布	882.65
3	潮商	864.90
4	潮南在线	772.39
5	今日濠江	735.64
6	汕头青年	645.17
7	鮀城和风	641.66
8	汕头纪检监察	637.85
9	潮南便民服务中心	634.50
10	汕头检察	624.65
11	汕头呼援通	620.87
12	汕头口腔中心	588.02
13	澄海公安	586.03
14	汕头市图书馆	575.58
15	汕头海事局	568.27
16	汕头大学	551.44
17	汕头税务	551.08
18	南澳政法	550.15
19	汕头市金平区教育局	548.90
20	汕头妇联	547.63

汕头矩阵10月排行榜

排名	南方号名称	指数
1	汕头市政府应急办	892.06
2	潮南在线	734.88
3	文明澄海	727.09
4	今日濠江	718.25
5	汕头发布	697.92
6	潮商	693.24
7	汕头城管	652.58
8	汕头口腔中心	646.11
9	汕头呼援通	644.20
10	汕头大学	638.47
11	鮀城和风	638.32
12	澄海公安	635.62
13	成田发布	631.99
14	汕头检察	627.31
15	龙湖文明	625.76
16	法治潮阳	618.22
17	汕头税务	600.59
18	汕头市图书馆	590.28
19	汕头青年	589.39
20	潮南便民服务中心	582.44

汕头矩阵11月排行榜

排名	南方号名称	指数
1	汕头市政府应急办	833.28
2	潮南在线	759.24
3	濠江宣传	739.21
4	潮商	733.12
5	今日濠江	718.14
6	汕头城管	689.43
7	法治潮阳	687.76
8	汕头市中级人民法院	684.49
9	汕头发布	682.17
10	汕头口腔中心	651.37
11	澄海公安	643.82
12	汕头青年	638.81
13	鮀城和风	636.65
14	汕头检察	623.21
15	汕头呼援通	612.61
16	龙湖文艺	610.92
17	龙湖文明	606.65
18	汕头濠江检察	602.10
18	汕头濠江检察	602.10
20	汕头河长	586.41

汕头矩阵南方号影响力排行榜

搭建起一个媒体和共建对象在其中互为价值的大环境。在这个大环境里，共建平台成为共建对象开展宣传推广工作的工具，而共建对象也成为平台内容创意的策划方和输出源。

那么，在多方共建模式下，应如何更有章法地开展共建工作？

精细化管理，应成为媒体与共建对象开展共建工作的抓手。要通过加大创新力度，构建适应融合发展需求的机制体制。汕头频道的做法是推进共建频道责任制，实现专人管建，完善日常采编、通讯员管理、用户需求对接，完成共建续签及拓展用户等工作，将共建频道打造成一个资源集约、协同高效的新型传播平台，实现传播效果的最大化和最优化。目前，多方共建平台“医疗频道”就已开始试点专人管建的“频道主编制”，以此进一步提升频道共建质量。

这一做法，促使频道主编必须升级思维，在更高的站位上输出智力，从深耕大领域的层面来思考和谋划优质内容的策划和生产，输出主流媒体自身的价值，并以此为杠杆撬动更多服务的衍生，更进一步为用户创造价值、解决问题。

频道共建第三步：实现新闻和智库协同生产

当前，随着媒体融合进程的加快，如何实现由融媒体向智媒体的飞跃，已成为传媒业界共同探究的命题。时任南方报业传媒集团党委书记、管委会主任刘红兵在 2018 年 11 月举办的第十三

南方⁺汕头频道共建“三步走”

届中国传媒年会上的主题演讲中指出，主流媒体开展智库建设，首先是基于传统媒体实施融合转型的内在需求，同时也是我们发挥自身优势所做出的战略抉择，在当下，更是主流媒体响应国家战略的有力举措。他认为，从“传媒”迈向“智库”，再以“智库”来倒逼“传媒”的升级变革，真正实现“融媒”到“智媒”的脱胎换骨，打造新型主流媒体，是传统媒体下一阶段努力的一大方向。

从这个意义上来看，共建频道正是“融媒”转型为“智媒”的一个很好的实践平台。通过共建频道，打造党报集团围绕中心、服务大局的新能力，使之成为各级党委、政府强有力的决策参谋和“智囊团”，更进一步地融入到对方的工作当中。

共建频道如何建设“智媒”？提升内容智慧含量是第一步。按照集团移动化、平台化、可视化、智慧化转型方向，必须坚持传播与研究并重，深度与广度并存，提升政治的高度、思想的深度、理论的厚度、人文的温度、文字的精度，让新闻作品变成思想作品，让闪烁着智慧光辉的共建频道，帮助党委、政府用优质内容、思想和观点去强信心、聚民心、暖人心、筑同心。

与此同时，共建频道应着力实现新闻和智库协同生产。媒体已有的内容优势特别是高效精准的信息挖掘、分析优势，必须从单一的新闻报道向指数榜单、研究报告等智库产品转型。媒体服务领域由此从单纯的信息传播向思想挖掘、战略研判、方案供给、价值传递延伸，不断拓展深度调研、第三方评估、舆情研判、咨询培训、论坛活动等特色化、定制类服务，形成新的产品服务体系，力争提升新的服务能力，增创新的服务价值。

如此一来，共建频道真正起到深度连接主流媒体和共建对象的作用，媒体与共建对象之间不只共建，还能共享，不只是多赢，更是共生共融、共同成长，真正实现一体化发展、捆绑式发展，最终做到“你就是我、我就是你”。

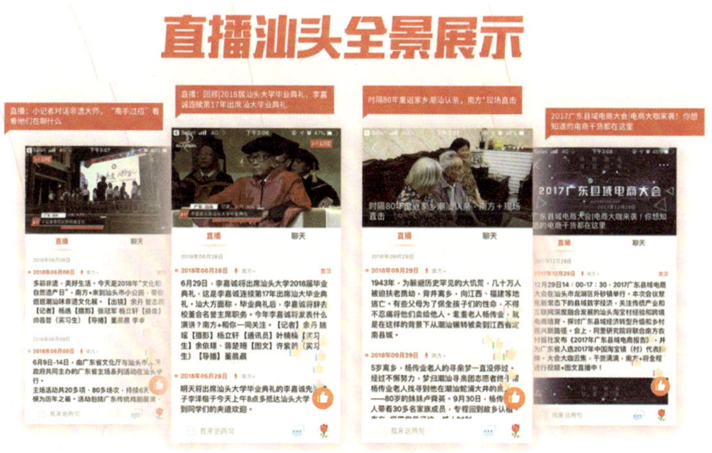

直播汕头全景展示

案例

深挖资源禀赋　助力下沉策略

以《南方日报·潮州观察》的“大文化报道”为例

下沉策略是省级党媒谋求发展的重要方法论。《南方日报》系列地方观察的开版，就是纸质媒体较早进行下沉策略的生动实践。《南方日报·潮州观察》自开版以来，便深挖潮州地方文化资源禀赋，坚持“大文化报道”，成为《南方日报·潮州观察》下沉地方、深耕地方的有效手段。《南方日报·潮州观察》精心打造的“潮州密码”项目，入选潮州市哲学社会科学“十四五”规划2022年度课题中的两项重点课题之一；由南方报业传媒集团潮州记者站承办的“为你朗读”分享大会，被省文化和旅游厅评为“2020年度广东省文化和旅游公共服务体系建设优秀案例”。

一、“大文化报道”：《南方日报·潮州观察》的必然选择

1. 围绕地级市中心工作，服务潮州文化强市目标

根深才能枝高叶茂。《南方日报》作为省委机关报，“高度决定影响力”是其办报理念。但这种“高度”并非凌空蹈虚的，

而是在很大程度上根植于广东广泛的基层的，是基于采编等大量资源践行的下沉策略的。

《南方日报》开办的系列地方观察、视察，成为下沉策略的重要手段。《南方日报·潮州观察》为《南方日报》众多地方观察之一，开版于2020年6月，旨在为潮州提供“不遗余力的氛围营造、舆论引导和智力支撑”。

2019年，潮州市出台《关于进一步推动潮州文化繁荣发展的意见》，提出30条具有创新性、可操作性的措施，全力打造沿海经济带上的特色精品城市，剑指文化强市、“潮文化”中心和对外文化交流门户。此后，潮州全力推进文化强市。2022年7月，潮州召开扎实推进文化强市建设大会，明确要充分挖掘潮州优秀传统文化资源，大力推进潮州文化创造性转化、创新性发展，扎实推动文化强市建设取得新进展、新成效。

《南方日报·潮州观察》在第一期便推出“潮人潮艺”栏目，关注潮州工艺美术从业者，整版报道“潮州3条历史游径入选省级游径”，之后更是将潮州文化作为重点报道内容，推出系列重磅策划和品牌栏目，着眼“大文化报道”，既践行好地方观察下沉策略，又服务好当地党委、政府的中心工作。

2. 立足文化资源禀赋，找好传播力建设支撑

2020年10月12日，习近平总书记视察潮州古城时指出：“潮州文化具有鲜明的地域特色，是岭南文化的重要组成部分，是中华

文化的重要支脉。以潮绣、潮瓷、潮雕、潮塑、潮剧和工夫茶、潮州菜等为代表的潮州非物质文化遗产，是中华文化的瑰宝。要加强非物质文化遗产保护和传承，积极培养传承人，让非物质文化遗产绽放出更加迷人的光彩。”

潮州市文化底蕴深厚，文化资源丰富，是世界“潮文化”发祥地，拥有“国家历史文化名城”“中国瓷都”“中国工艺美术之都”等 36 项城市殊荣。1600 多年的历史积淀，中原文化、海洋文化与本土文化不断融合，孕育了具有鲜明地域特色的潮州文化，这种文化依托着古城“三山一水一洲”的良好山水格局，转化为 106 项市级以上非物质文化遗产代表性项目，融入寻常百姓生活的点点滴滴，薪火相传，生生不息。

潮州文化具有鲜明的地域特色，关注度高，是潮州的重要资源禀赋，也是媒体报道的天然素材库。不过遗憾的是，本地媒体未能对潮州文化进行系统整理与高质量内容的稳定输出，更缺乏具备标识性的栏目与品牌。对此，《南方日报·潮州观察》确定了以“南方”高度做潮州“大文化报道”的思路，以此提高竞争力与传播力。

二、做好“大文化报道”：《南方日报·潮州观察》有章有法

1. 打造品牌栏目，强化读者印象和黏性

正因为潮州文化具有深厚、博大、繁复等特性，要做好文化

报道，就得讲究方式方法。

经过研究，《南方日报·潮州观察》开设了“潮州密码”“潮人潮艺”“潮汕音乐人群像”“为你朗读”等与潮州文化相关的栏目。栏目的设置与常态化更新有助于给读者加强印象，强化单个栏目的影响力，进而提升《南方日报·潮州观察》整体关注度，培养读者的阅读习惯，增强用户黏性。

“潮州密码”栏目为《南方日报·潮州观察》的品牌栏目，到今年 8 月底，已推出 40 期。“潮州密码”内容涵盖潮州文化的各个经典符号，推出了《当我们谈起牌坊街的时候　该谈些什么》《潮州菜为什么会成为“最好的中华料理”》《一座城，一座桥 | 为什么广济桥成为潮州人的精神地标》等经典文章。

“潮人潮艺”栏目则聚焦新一代的非遗传承者，推出了《潮州手拉壶工艺师佘锭鑫 | 知天命再当“学徒”　玩新艺难得“壶痴”》《麦秆画家郑烨娃：绝艺逢新人　麦秆立青春》等文章。

“潮汕音乐人群像”系列以更加跳脱的视角看潮州文化，音乐风格横跨摇滚乐、民谣、嘻哈，类型亦包含乐队、说唱团体及个人。《小李与海》《一指团体：嘻哈少年已长成》《五条人：转动那个地球仪》等一系列作品探讨现代艺术形式与传统文化、潮汕族群特性之间的关系。

在多个栏目常态化更新、高质量稳定输出的基础上，《南方日报·潮州观察》“大文化报道”的基本格局与品牌标识最终确立起来。

2. “南方视角”深加工，提升内容竞争力

内容质量是新闻媒体的立身之本，《南方日报·潮州观察》不断优化新闻品质，坚持正确的舆论导向，确保内容的权威性、贴近性和可读性，打造“南方视角”和“南方品质”。

以《南方日报·潮州观察》的品牌栏目“潮州密码”为例，潮州文化为当地媒体长期耕耘的领域，自2020年10月后也有诸多关注与媒体报道，但“潮州密码”栏目凭借“南方视角”的深加工，稳定输出高质量的内容，通过严谨的新闻采写流程不断推出优质文章，提升了内容竞争力。

记者采用文献检索法，到档案馆、图书馆、博物馆等处搜集、整理相关资料；用调查考证法实地感受潮州文化留下的历史遗迹，确认细节、拍摄图片，感受历史沉淀与当下生活。在收集、整理资料的基础上，记者对资料进行分类、甄别、遴选、分析，整理写作思路，提炼观点，构建写作结构；对重要新闻人物、专家学者、非遗传人等进行深度访谈，获得观点与重要的人物故事、历史细节等。

在采写思路上，“潮州密码”的系列文章首先关注潮州文化的热点现象，从相关研究成果的面世、机构的成立、项目的入选等新闻由头出发，如笔架山潮州窑入选“十四五”时期大遗址，暨南大学成立潮州文化研究院等。其次对该主题的历史成因与源流进行分析，先纵向梳理其在不同时期的特点以及发展面貌，如潮州菜从唐代韩愈治潮到近现代的发展进程。再横向对比，提炼

主题的特点，如潮汕建筑继承中原传统的同时，相比同源的闽南建筑更加注重装饰工艺，辉煌精致。最后勾连主题与潮州文化、潮人特质、中华文化之间的关系，如潮人移民的历史实际上也是中华民族移民史的一部分，“海外一个潮州”的根源在于中华民族对宗族的重视、农耕社会下人地关系的矛盾等。

三、以“大文化报道”为手段，厚植起传播力和影响力

1. 传播力不断增强，下沉卓有成效

南方报业传媒集团（南方日报社）党委书记、社长黄常开将传播力定义为：新闻媒体通过内容生产、分发形成积极社会效果的能力，是媒体采编实力、覆盖能力以及传播效力的综合反映。其中，采编实力，就是内容的生产能力，包括采编人员素质、选取角度能力、讲故事的能力等；覆盖能力，就是技术承载力和内容到达率，通过技术支撑，建强传播渠道和传播平台，从而提高内容覆盖率，提升用户黏性和活跃度；传播效力，就是传播要产生效果，讲故事要有人听，能够入心入耳入脑，能够产生正向影响力。

《南方日报·潮州观察》的文化类报道通过高质量内容生产、报网融合的全媒体内容分发，实现《南方日报·潮州观察》在地方的传播力与影响力。如“潮汕音乐人群像”系列以融媒体的形式呈现潮汕音乐人群体的整体面貌，推出系列深度人物报道与视

频，打造精品融媒体产品。在3·8妇女节，推出系列海报《潮州非遗传承中的“她”力量》，主打视觉效果，呈现潮州9位女性非遗传人的风采，刷屏朋友圈。广济桥建桥850周年纪录片上线之时推出时间轴海报，呈现从南宋至今的广济桥风貌，引起广泛关注。

目前，《南方日报·潮州观察》的文化报道呈现出类型丰富、内容质量高、用户关注度高的特征，有效提高了潮州文化的影响力及《南方日报·潮州观察》的传播力。

比如，由南方报业传媒集团潮州记者站承办的“为你朗读”分享大会，于2020年被列为潮州市“一馆一品”公共文化服务品牌项目，被省文化和旅游厅评为“2020年度广东省文化和旅游公共服务体系建设优秀案例”。2022年初，“为你朗读”分享大会被潮州市推荐参加全省公共文化服务高质量发展典型案例遴选。2022年5月29日，“为你朗读”频道在南方⁺潮州频道正式上线，不断变现文化报道。

2. 发挥媒体智库作用，联动地方社科资源

潮州市公布的哲学社会科学“十四五”规划2022年度课题立项名单，确立了两项重点课题。南方报业传媒集团潮州记者站主持的“潮州密码”项目成为重点课题之一。

“潮州密码”项目立足潮州的历史、文化、风情等，并适度结合当下热点，对潮州文化进行系统性的梳理。在掌握大量史实

的基础上，对史实进行具有“南方角度”的“深加工”，独具“南方视野”，是“媒体著史”的一次重要尝试，也为大众提供了解潮州文化的重要载体和窗口。“南方角度”的“深加工”是其价值所在。“潮州密码”项目在潮州文化热度背后为潮州文化在媒体领域的呈现提供更具备可读性、学术性的内容，为试图了解潮州文化的人提供一个“知其然，更知其所以然”的途径，为文史专家、潮学学者提供一个其研究成果与大众接轨的桥梁与平台。

目前，媒体呈现出智库化，即在内容生产上要从现有的大众化、普及化向定制化、精准化转变，在营销上要从注意力变现的尾端广告向客户产品设计、生产、销售的上游转移，在角色定位上要由单纯的信息、广告提供商向数据、咨询服务商转型，做到广度与深度并存，传播与研究并重。

针对潮州“食住行游购娱”业态尚处于初级阶段，夜经济不发达的问题，《南方日报·潮州观察》策划深度报道《点亮潮州古城的夜》，采访专家学者、旅游业一线从业者，提出“食宿购齐发力　延长消费链条”与“文化与娱乐并重　打造沉浸式夜游”等观点，为潮州文旅融合发展建言献策。针对潮州“博物馆之城”建设中系列馆数量多但质量参差不齐的问题，策划报道《深度｜潮州“博物馆之城”的民间力量》，用图文、视频呈现潮州数家“博物馆之城”系列馆，深度访谈馆长及博物馆学专家，剖析潮州建设“博物馆之城”的特色与优势，探索其不足与发展空间。

在两年多的实践中，《南方日报·潮州观察》累积了众多潮州文化领域的专家与学者资源，有效发挥出媒体智库作用，为决策提供传媒智慧。

四、结语

立足资源禀赋，激活静态素材，《南方日报·潮州观察》通过确定“大文化报道”思路，打造多个文化报道品牌栏目，覆盖了不同读者群体，树立起自身的影响力，实现了既叫好又叫座的媒体现象，更成为主流媒体下沉地方、深耕地方的生动典型和鲜活案例。

案例

南方报业阳西县域融媒探索

依托南方报业传媒集团的省级媒体资源、品牌传播力和影响力，广东省部分县（区）媒体与南方报业“融合式”合办县域媒体的实践，有效促进了省媒在县域的影响力全面落地，显著提升了县媒的综合能力，增强了其传播力、影响力，实现了双赢。该类实践是对省媒与县媒融合、省媒赋能县媒的有益探索。

一、合作背景与模式

1. 合作背景：旨在双赢

党的十八大以来，随着广东省区域振兴战略的实施，粤东、粤西、粤北地区加速发展，部分县（区、市）让外界认识的意愿增强了，底气也更足了。然而，由于县级媒体传播力普遍较弱，过往央媒和省媒的宣传在质和量方面都远远不能满足其“扬名”的需求。

因此，这正是省媒可以有所作为的时候。南方报业传媒集团作为广东省委宣传部主管的党报集团，与阳西县的合作恰好顺应了该县扩大对外宣传的诉求。特别是在阳西县工业即将迎来新一波发展潮的当下，南方报业若能有效地利用专业优势和主流传播平台与阳西县域媒体合作，无疑可有力地助推这个后发县的高质量发展。同时，省媒的影响力想要更可持续、更有效地下沉广大县域，加强平台建设、深深扎根县域、建立强大稳固的“根据地”是必然选项。而根据地如何建立？南方报业传媒集团与阳西县域媒体的双赢合作是个尝试。

2. 合作模式：省县一家

南方报业传媒集团与阳西县“融合式”合办县域媒体的合作，核心为南方报业输出内容生产标准，推进阳西县报端一体化，推动工作人员、内容生产、导向把关、内容输出的全面融合。利用

阳西县融媒体中心

南方日报 阳西视窗

A01

迈进高质量发展快车道 奋力为"十四五"开好局

——写在2021年阳西两会召开之际

致读者

南方大视野 赋能新征程

《南方日报·阳西视窗》开版号

当地政府资源和当地融媒体基础进行新闻生产，双方共办《南方日报·阳西视窗》，共建南方⁺阳西频道，并将其作为《南方日报》地方新闻版块和南方⁺子频道。南方报业对《阳西视窗》和阳西频道内容生产、把关实行全程管理。

在人员方面，南方报业派出南方日报地方记者站副站长作为《阳西视窗》新闻统筹，在当地融媒体中心的基础上，实现合作双方的人员融合、平台一体化生产和传播，省媒与县媒浑然一家。

二、合作成果与价值

1. 南方报业传媒集团影响力全面落地县域

南方报业与阳西县媒从相加到相融的合作，推动了南方报业传媒集团的资源下沉，促成了县域媒体内容质量和传播平台的显著提升，实现了南方报业传播力在县域的全面落地和影响力的稳固扎根。

此次合作得到合作方的全面认可。《阳西视窗》和南方+阳西频道均获得地方主管部门和主流读者的高度评价，为开展长期、全面、深入的合作打下良好基础。

同时，南方报业传媒集团还与广东省多个县（区）媒体合作，包括高州、电白、廉江、梅江、梅县、大埔、蕉岭、连州、连南、英德、佛冈等，其合作模式和效果都大同小异。

2. 县媒传播力、影响力显著增强

拓展了传播平台。依托南方报业平台一体化的生产和传播，县域内容通过省媒平台传播，使县媒传播力、影响力得到巨大跃升。合作前的赠阅报纸《阳西报》少人问津，合作后，每周五出版的《南方日报·阳西视窗》成了人们追抢的读物。以同类实践的高州县为例，创办半年来，《高州视窗》的每期发行量达到 4 万余份，覆盖茂名全市。合作有效地传播了地方信息，提升了地方形象，作为《南方日报》地方新闻版块的各地视窗和南方+子频道的地方频道，已

经成为上级和外界了解县域情况的重要渠道之一。

提升了内容品质。南方报业通过输出内容生产标准，对当地采编人员进行指导培训，全流程参与内容生产，发挥主流媒体的策划、报道及平台优势，大大地提高了阳西县媒的内容生产、主题策划水平。《阳西视窗》秉承南方日报“高度决定影响力”的办报理念，一改内部发行的《阳西报》以领导讲话和工作报告为主要内容，质量不高、阅读量低的尴尬状况，在不到半年的合作中，策划了“阳西数字农业发展”“阳西县办好人民满意教育”等多个高质量的系列报道，在立足当地的基础上，提升了报道的视角和站位，好看、耐看的“政经纸”“观点纸”和“深度纸”获得主流读者广泛好评。

南方⁺阳西频道

激发了工作热情。合作前，不少县媒存在人浮于事，工作人员工作积极性不高、采编能力较弱、内容生产能力不足等问题。开展合作后，通过调整激励机制，运用标准化、规范化、精细化的管理，激发了县媒员工特别是采编人员的工作积极性，促进了其业务能力的提高，让当地媒体从业人员有事可做、做事有奔头，减少了人力资源浪费，从而倒逼了内容质量的提升，并且降低了合作的人力成本。

三、合作提升与发展

在县域，央媒、省媒要占据新闻舆论的制高点，掌握宣传报道的话语权、主动权，成为县域舆论场的“总导演”，使合办的媒体成为地方不可或缺的权威信息发布平台。

未来，省媒的影响力想要更可持续、更有效地下沉广大县域，进一步加强平台建设，深深扎根县域，不断加强建设，巩固根据地，全面提升服务能力是必然选择。

1. 提升产品质量

优质内容生产是媒体生存发展的基石，更是省媒与县域媒体融合的重要基础。因此，可持续的合作离不开持续优质新闻产品的供给。诚然，阳西实践使得县媒一步“升级”为主流省媒的一部分，极大地提升了新闻品质，增强了地方媒体的传播力、影响力，得到不同社会阶层的充分肯定。但也需要看到，作为南方报业传播平台组成部分的《南方日报》地方视窗和南方⁺地方频道，精品内容比例远远不够，核心受众数量有待增加，用户黏性还须大大增强。而且，合作一年半载以后，“新鲜感”难免消退，审美疲劳难以避免。因此，要使合作走得更实更远，还需要进一步优化合作方式，强化合作关系。

2. 增强服务能力

南方报业与阳西的合作让我们看到了省级主流媒体影响力下沉县域的更多可能性。但当前“融合式”合办县域媒体的实践中，提供的服务以新闻宣传为主，服务业态相对单一。因此，未来可以通过更深入地利用南方报业的媒体资源、政府资源、技术资源优势，拓展合作领域，延伸服务链条，丰富服务业态，增强服务能力，向地方提供更加多元的媒体服务，譬如政务服务、智库服务、舆情服务、社会治理服务、民生服务、产品营销与展会策划服务等等，进一步深化与县域的合作，提升综合服务能力。

3. 盘活人力资源

县媒运用南方日报社的采编工作流程，有效地激发了县媒工作人员的工作积极性、主动性。当前，县媒以当地融媒体中心工作人员为员工基础，南方日报地方记者站派出一名采编人员统筹业务，但是仍存在人力不足、统筹人员参与周期不持续等问题。

未来为提高县媒工作人员业务能力、增强“一家人”意识，可以视工作需要适当增派人力，亦可以通过组建临时性的虚拟团队开展采写，或不定期组织对县媒采编人员的业务培训等，为合作地区的重大主题宣传提供人力支持。此外，还可以考虑跨地区合作，调动其他记者站（分社）人力，开展联合报道。

四、结语

南方报业传媒集团与县（区）媒体的“融合式”合作，既推进了县媒的融合，也拓展了省媒融合脉络的广度和深度。合作双方深刻互动、协同作战，使县域主流媒体运营实现了“从有到优”的飞跃，甚至跃升为省媒的一部分。

南方报业传媒集团与阳西县媒体“融合式”的合作是对省媒与县媒融合、省媒赋能县媒的有益探索，合作达到了双赢的初衷。

案例

茂名频道：推进四个“下沉” 践行集团策略

2022 年 5 月 10 日，广东省化州市委宣传部下发通知要求各级各单位下载使用南方⁺App 权威信息发布平台。该通知指出，经化州市委同意，化州市与南方⁺达成合作关系，依托南方⁺App 宣传化州正能量，宣传化州市委、市政府中心工作及特色产业。该通知同步印发了《南方⁺化州频道订阅方式》，为各级各单位操作使用提供指引。该通知下发后，南方报业传媒集团茂名记者站及时制作了引导南方⁺化州频道订阅推广的推文，配合此项工作的进行。

化州市委宣传部发文推广使用南方⁺，是茂名记者站扎实推进南方⁺下沉策略、持续深耕区（县）的又一实践结果。茂名记者站深入实践集团提出的下沉策略和坚守“长期主义”的导向，推动南方⁺建设重心不断下移，把县（区）作为深耕对象，把南方⁺共建频道作为重要传播平台，坚持人员下沉、内容下沉、平台下沉、服务下沉，造船出海，全面出击，提升南方⁺茂名地方南方号的传播力、影响力和公信力。

人员下沉，频道内容运营落实责任制

人员下沉，要求落实频道主编制，确保每个频道落实到人。

目前，茂名共建频道总数有17个，涵盖市（县）行政区（茂名要闻、茂南、电白、信宜、高州、化州）及2个经济功能区（滨海新区、高新区）、5个垂直系统（石化、税务、地产、廉政、林业），另有4个按钮栏目（茂名法院公告、茂名市人民医院、茂名邮储、电白沉香）。在人员方面，茂名记者站有记者7人、南方⁺新媒体编辑5名。茂名记者站将频道落实到人，每人负责1到2个频道，进行日常维护管理，负责内容更新、策划以及与共建单位的密切联动。在记者站人员每月考核中，责任频道运营质量也是一项考核点。

在重点区（县），共建领域还延伸到了端外。茂名记者站与电白、高州实现了全方位合作，分别依托频道、视窗等阵地，派出专人常驻县（区）开展工作，挂牌成立南方⁺区（县）工作站、视窗编辑部。

在其他未派出专人常驻的县（区），则实施差异化服务。在茂南、信宜强化基于频道基础的重点策划，在高新区、滨海新区、水东湾等经济功能区，茂名记者站则推广打包式年度合作模式。此次与化州市委宣传部的深入交流，不仅加快带动南方⁺App下载和南方号的推广使用，还计划以报端互动的模式来推动深层次合作。

人员下沉，不仅仅是指记者站人员，茂名站还尝试把下沉影响拓展至“编外”宣传人员。目前，茂名地区机关单位在册南方号共有80家，其中20家长期跻身全省南方号top500榜单。在深耕和提升区（县）频道运营质量的同时，茂名记者站有意识地强化地方头部号的培养力度，扩大南方$^+$在茂名的稿池，增强南方$^+$在地方的声量。近4年来，茂名记者站每年均举办一场南方号运营培训活动，邀请南方$^+$总部高级编辑为本地南方号运营者开展培训。每月推出一期“南方号茂名矩阵月度榜单”，对上一月优秀南方号的运营亮点做点评，在提升茂名矩阵发稿质量的同时，增强南方号运营者在南方$^+$平台的使用黏性。

内容下沉，全媒体产品全线出击

内容下沉，要求重构南方$^+$在基层的内容生产体系，探索具有南方特色、适应下沉需求的新呈现方式。茂名记者站围绕地方党委、政府的中心工作强化议题设置，在重大项目、疫情防控、民生服务等领域，探索和实践南方$^+$新功能、新玩法，加强舆论引导力。

主打“文化牌”，打开茂名荔枝报道新局面。持续多年高密度报道茂名荔枝，让茂名荔枝不断走出广东、走向全球。2022年，茂名记者站按照广东省委书记李希在茂名调研时指出的要“下功夫做好古树保护研究”的要求，突出打好荔枝“文化牌”。前期瞄准拥有全国树龄最老荔枝树的古荔园，推出《禄段古荔园·古荔树守护者》系列报道；为反映这一年茂名最时髦的“荔枝定制”，及时推出体验荔枝定制的现场直播；荔枝销售高峰期还联合茂名市委网信办推出“家乡的荔枝红了”南方号茂名新媒体大赛，组织发动茂名的一些头部南方号踊跃参与；进入总结阶段，策划在《南方日报》推出《文化赋能水果“新贵”——茂名荔枝产业新趋势》系列报道3篇，为茂名荔枝产业高质量发展鼓与呼，茂名市主要领导给予充分肯定。经统计，截至2022年8月茂名记者站在报端刊发有关荔枝的稿件有近百篇，开展新闻直播1场，制作短视频10个以上，举办评选投票活动1场，继续擦亮茂名荔枝品牌。

多媒介联动，最快速度响应灾情疫情。2022年，茂名经历多轮疫情，茂名记者站加强采编联动，在稳的基础上强化首发意识，在杂乱信息中强化聚焦打法，密集推出了一批高流量报道，助力茂名打好疫情防控舆论战。在应对台风登陆报道中，茂名记者站紧密关注台风走势，落实省、市防台风部署，与南方+总部、经济部、音视频部协同作战，形成“总部＋地方”联动合力，以最快速度报道台风第一现场消息，推出报纸、快讯、滚动、视频、图文等全媒体产品，一些独家呈现的第一现场报道受到高流量关注。

开放式生产，激活南方号茂名矩阵创作热情。南方号的优质内容也是茂名频道的内容组成部分。茂名记者站不断引导基层单位使用南方号施政，一些头部南方号创作热情高涨。茂名市官方发布账号“茂名发布”自频道共建以来几乎每月位居全省榜单前十；电白区教育局官方账号“电白教育”后来居上，以常居当天热文榜第一的姿态跻身全省榜单前十。近年来，茂名各地教育部门南方号你追我赶，搭建起教育部门与学生、家长沟通的桥梁。“电白教育”“化州教育”“滨海教育”“茂名二中”等南方号所属单位将南方号作为其对外发布信息的主要平台甚至是唯一平台，搭建了“学校—家长”的分发体系，所制作内容在南方号推出后，成为面向学校、家长和学生的指定浏览渠道，往往收获巨大流量，南方号运营质量与南方⁺下载量相得益彰。

平台下沉，提高服务功能增强受众黏性

平台下沉，指以街（镇）为重点突破口，推动共建频道数量增长，在县、镇两级大力拓展共建单位，以及瞄准优势商业领域继续拓展商业长尾。目前，茂名频道已实现全市行政区（县）全覆盖，特别是在电白、高州两个开办视窗的地区设置南方⁺工作站，以进一步深耕。此外，茂名还开设有石化、税务、地产、廉政、林业等 5 个垂直系统。

茂名频道还充分利用焦点图下方显眼的按钮导航栏位置，拓展按钮栏目的商业化。目前已开设有茂名法院公告、茂名市人民医院、茂名邮储、电白沉香 4 个按钮栏目。这些合作专栏基于客户需求，在强化客户形象展示的同时，也丰富了频道内容和特色。以“茂名法院公告”按钮为例，这是茂名记者站适应茂名市中级

人民法院的需求开设的按钮，成为该院发布官方文书的唯一指定平台，并引导茂名法院在线下提示办事人员使用南方+接收公告，这是提高南方+服务功能、增强受众黏性的有益探索。

在实施下沉策略过程中，茂名记者站不断引导县（区）宣传部门主动用好南方+平台。如化州市委宣传部主动发文要求各级各单位下载使用南方+App，并同步印发了南方+化州频道订阅操作指引。高州市委宣传部在下发给各镇（街）、各单位的年度宣传考核方案中，把在南方+、《南方日报·高州视窗》的发稿情况，列入考核范围。

在平台下沉过程中，茂名记者站始终坚持报端良性互动发展，实现传统媒体和新媒体的此长彼长。狠抓地方视窗版稿件质量，《南方日报·电白视窗》有关人居环境整治的报道受到时任广东省委常委叶贞琴长篇幅肯定性批示，时任茂名市委书记袁古洁借此契机大力推动相关工作，体现了茂名县（区）视窗的传播力和影响力。

服务下沉，坚持客户思维“量体裁衣”

服务下沉，指聚合集团服务能力，将活动作为下沉的抓手，打造涵盖城市盛会、产业经济、基层治理、社会民生的运营场景，拉动下载量、提升活跃度。茂名记者站以“长期主义”深耕基层，以客户思维为导向，为县（区）量身打造服务产品。

2022年，茂名记者站尝试举办落地论坛活动，在茂名文化圈掀起一股旋风。3月，茂名站牵头联合茂名市文广旅体局、文联等单位，举办了首场落地活动——潘茂名文化研讨会，并打出“好心讲堂”的品牌。7月，茂名记者站又联合电白区委宣传部举办了粤西沉香文化和产业发展研讨会，邀请到学术和产业界重量级嘉宾登台论道。良好的活动运营提升了南方⁺品牌在地方的吸引力，助推《电白沉香》按钮栏目达成共建。不仅仅在线下举办活动，经过精心剪辑的节目视频在南方⁺播出，既保障了播出内容的质量，也通过报、端、直播、短视频等方式全方位报道了现场内容，为茂名端上了一桌桌丰盛的文化大餐。两场活动均受到茂名市委宣传部部长张惠灵的好评。

愿景：持续发力，久久为功

“长期主义”是一种持续地、长期地守住目标的行为模式。未来，茂名记者站将始终坚持把县（区）作为深耕对象，扎实推进南方⁺客户端下载，加大力度培育南方号茂名头部号，继续扩大南方⁺在茂名的影响力、传播力和营收力。

强化推介，把蛋糕做大做强。化州市委宣传部发文推动南方⁺App的下载与使用只是迈出的第一步，茂名记者站还将定期与化州对接，落实好南方⁺客户端的推广下载工作。并以此为契机，推动其他县（区）的跟进。同时通过对南方⁺化州频道内容的高质量打造，以优质内容和互动栏目吸引广大群众下载和使用。

整合采编队伍力量，继续加大培训工作。茂名记者站将积极配合各地市委宣传部做好通讯员培训工作，调动基层人员给南方$^{+}$投稿的积极性。通过新媒体人才培养，着力推动南方号内容质量提升，塑造更高质量的“南方号·茂名矩阵”，并增强各单位对南方$^{+}$平台的认可和关注。

以活动促进下载，扩大平台影响力。茂名记者站将着重在激励运营者、提高南方号内容创作与分发推广积极性上下功夫，联合茂名市委网信办等有关部门，举办南方号新媒体大赛，鼓励茂名各南方号创作优秀原创作品，提升“南方号·茂名矩阵”的原创性和影响力。

第二章 平台意识

南方+的地方频道，有强烈的平台意识，通过推动地方频道首页化，以更多首创的内容、更多首发的新闻、更多用户的首选，确立南方+的首席地位，打造综合性区域服务平台。共建的频道，既是新闻传播的平台，也是当地党委、政府权威信息发布的平台，更是区域综合服务的平台，以“新闻 + 政务 + 商务”的服务体系，吸引更多的用户，提升使用频次和黏度。

首创　首发　首选　首席

深度推动地方频道首页化建设

2020 年 9 月，中共中央办公厅、国务院办公厅印发了《关于加快推进媒体深度融合发展的意见》（下称《意见》），明确了媒体深度融合发展的总体要求。近两年来，各大媒体纷纷发力媒体融合，并建立了各自的方法论。以南方+客户端为例，早在 2018 年 3 月就提出了以地方频道为载体，推进与地方党委、政府开展深度合作，推动新型主流媒体资源下沉到区域的新模式。截至目前，南方+地方频道已全面覆盖广东各地级以上市及区（县），并在实践中探索出以坚持首创价值、强化首发功能、达成首选目标、确立首席地位的“四首”新路径，推动主流媒体挺进主战场、加快媒体深度融合。

一、坚持首创价值，提升内容生产力

当前区域市场上的媒体竞争已进入短兵相接的阶段，地级以上市媒体紧跟其后，省级兄弟媒体相继布局，央媒也要分一杯羹。

作为省级新型主流媒体客户端，南方+通过发挥多年深耕区域的优势、坚持党端首创价值，凭借“新、近、多、快、实”的内容，在日益激烈的竞争环境中从各级媒体中脱颖而出。所谓“首创”，一是指内容创作，二是指机制创新。

1. 创作：发挥核心优势，提升内容品质

强大的内容策划生产能力是主流媒体核心优势所在。近年来，南方+地方频道通过发挥内容优势，聚焦地方党委、政府中心工作，做好权威报道和“硬核”资讯的供给，在地级以上市两会、党代会、疫情防控等主题报道中打赢了一场又一场硬仗，以权威主流声音牢牢占据舆论场。

以 2021 年底云浮党代会系列报道为例，在云浮市委新班子亮相结束 5 分钟内，南方+客户端首发首推云浮市委新班子名单。快讯发布之后，记者积极协调其他单位提供图片、视频素材、领导照片及简历等，在传播过程中不断丰富产品内容，增加传播元素，最终《云浮市新一届市委领导班子亮相（附简历与现场视频）》一稿流量超 37 万。党代会闭幕后，《南方日报》趁热打铁推出《美丽云浮　青春出发》特刊，专题聚焦云浮发展新思路、新理念。云浮市委书记对特刊高度认可，明确将特刊作为市、县、镇三级四套班子学习材料。云浮频道迅速跟进，再推出特刊合集《一键速览|美丽云浮　青春出发》。至此，系列报道形成了网端—报纸—网端的传播闭环，为党代会精神宣传宣讲奠定了广泛传播基础。

2. 创新：激发创造力，赋能内容生产

巩固优势的同时还须扩大优势。随着地方频道在广东全省实现全覆盖，其对内容的需求与日俱增。盘活采编资源、释放团队生产力和创造力成为频道发展的关键。经过长期的摸索，发现推行频道责任制是行之有效的办法。

所谓频道责任制，就是在有创新和担当精神的青年记者中挑选频道主编，对该频道的内容生产、新闻策划进行精细化管理。包括日常采编、内容优化、通讯员管理、用户需求对接、质量评估及拓展用户等工作均由频道主编独立或协调团队共同完成。因此，频道主编必须从深耕该领域的层面来思考，通盘谋划优质内容的策划和生产，输出主流媒体自身价值。

频道责任制同步试行独立考评。频道主编每月从频道稿件的流量、质量、数量、采编难度等方面进行考评，根据每月的稿件情况适度调整稿费标准，并设置超额完成奖，超额部分采取累进奖励。落实落细“频道责任制”并试行独立考评，推动跑线记者向频道运营者转型，强化对频道内容的策划统筹，通过推动策划团队下基层、把选题策划会开到共建单位等办法，释放生产力和创造力，推动频道建设从跑马圈地到精耕细作。

二、强化首发功能，提升内容传播力

优质内容的价值无须多言，然而再好的内容也需要有效传播

才能实现价值。面对海量、同质、碎片化的网络信息环境，只有强化首发速度和分发广度，提升传播力度，才能实现信息从传者到受众的有效传播，从而在一次次的有效传播中提升主流舆论的影响力。

1. 发布：抢占首发，提升传播速度

人人都有麦克风的时代，新闻首发权的重要性不言而喻，特别是在领导人活动、地方中心工作、人事任免、重大公共事件等主题的权威发布上，抢得首发就意味着占据主动，就能够引领舆论。

2022年春节前，南方$^+$独家首发五华管控密接者、罗定拘留故意隐瞒行程者两则消息，在全网引起广泛传播，分别获得近80万和87万多的阅读量。有别于以往疫情通报由党委、政府先发布，媒体再转发的惯例操作，这两则消息系南方日报、南方$^+$积极作为，严谨求证，大胆发布，以党媒党端权威发布平息各种小道消息甚至谣言，迅速打通官方与民间两个舆论场，正面引领舆论风向，推动当地防疫工作的改进，获得当地主要领导和防疫工作主管部门的高度认可。

3月下旬，茂名频道在报道本土疫情时，所有报道皆与官方发布同步首发，同时提炼有效信息打进标题，传播效果明显优于地方政务号，其中阅读量10万+的稿件6篇，单篇阅读量最高60万+。

2. 分发：强化分发，提升传播广度

信息化时代，“酒香也怕巷子深”。从内容为王到“内容+分发”为王，好的内容只有传播出去才能实现其价值。如果说发布层面的“首发”强调的是发布的速度，那么分发层面的“首发”则强调发布的广度。

南方⁺清远北江网评频道通过培育新型通讯员队伍，为实现内容的广泛分发进行了有益探索、积累了宝贵经验。培育新型通讯员队伍，就是充分挖掘各行业、各细分领域的意见领袖，如各级党政干部，教师、医生等专业技术人员，网红、大 V 等社群活跃分子，组织其对南方日报、南方⁺重点报道跟贴评论，并通过组建各自的分发队伍，在不同圈层内指导向外分发，扩大传播的范围。2021 年 8 月，南方⁺清远频道与清远市双拥办、清远市退役军人事务局联合开展投票活动。发布《投票速转|这就是清远“最美兵支书”的样子，你 pick 哪位？》《爱情最美的模样，清远“最美军嫂”的故事，感动你了吗？》《清远因他们而更温暖，快来认识这些“最美拥军人物”》三篇稿件，相关内容被中央、省、市各级平台大量转载。同时，通过发动清远市退役军人事务局的通讯员队伍，吸引了大量评论。截至投票结束，稿件浏览总量达到 118.29 万，众多网友在这次活动中实名注册了南方⁺客户端账号并发表评论和投票，实名评论达 9100 条。

用好传播工具对扩大传播广度也能起到事半功倍的作用。利用投票、征稿、报料、弹窗等有利于提升传播效果的工具，可使

报道触达更多圈层，实现精准分发、广泛覆盖“两条腿走路”。如2022年初南方⁺地方频道在各地开展的“致敬最美基层民警”投票点赞活动，因为加入投票互动，普通的图文稿件平均阅读量均达到30万以上。

三、达成首选目标，提升主流媒体影响力

使用与满足理论认为，受众的媒介接触活动是有特定需求和动机并得到满足的过程。坚持首创、强化首发，目的就是使主流媒体成为各级客户、用户的首选目标，让新型主流媒体在面向客户与用户的双向服务中创造更多价值。因此，“首选”既是用户首选，也是客户首选。

1. 用户首选：以多元服务提高党端活力和黏性

据统计，南方⁺地方频道进入流量全端前十的稿件中，时政、医疗（含疫情）、教育3类题材的数量位居前三；医疗和教育类稿件阅读量高，易出爆款；医疗、教育、时政类稿件最受地方频道用户欢迎。因此，在做强政务的同时，地方频道还不断加大对教育、医疗、就业、社会保障等民生领域的创作倾斜，以更加丰富的内容服务回应不同用户的多元需求，形成“政务＋服务”的内容生态，让南方⁺成为用户获取资讯的首选渠道和平台。

以健康清远频道为例。健康清远频道于2020年7月上线，

致力于为用户提供更加多元化又独具特色的新闻产品，线上线下齐发力，先后打造了视频栏目《有问医答》、直播栏目《健康“医”课》等健康领域的热门 IP，向用户科普健康知识，答疑解惑；发起清远市近视摘镜大型公益活动，通过制作 H5 报名小游戏、街坊小视频、手术直播等方式，吸引 2800 多人次报名参与。目前，健康清远已成为南方+清远矩阵中活跃度最高的频道之一。

2. 客户首选：以全覆盖提高市场占有率

目前南方+地方频道已基本实现市、区（县）两级全覆盖，未来还将继续拓展至市、区（县）直单位，向学校、医院、金融等垂直领域进军，以更多细分市场的全覆盖提高南方+品牌在区域市场的占有率，在区域内不断渗透，提高品牌的认知度、信任度，使南方+成为各级客户首选的合作对象。

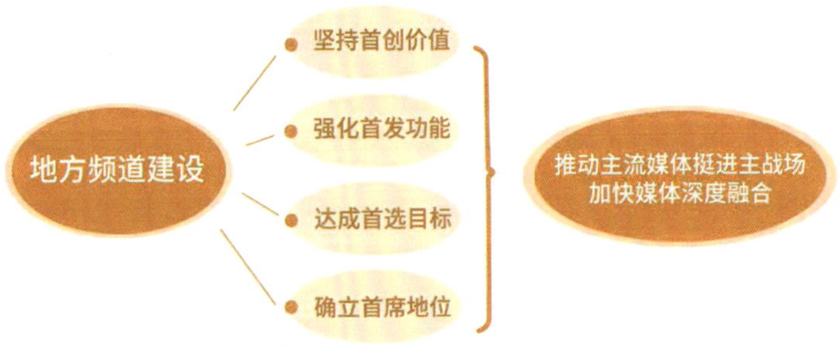

深度推动地方频道首页化建设

“梅州生活服务”电商平台上线南方$^+$梅州频道就是成功案例之一。因看重梅州频道在当地的流量和影响力，梅州本地一家较为成熟的电商平台主动上门谈合作。2021 年 6 月，“梅州生活服务”正式上线南方$^+$梅州频道，年合作基础费用为 15 万元。在确保导向安全、技术安全的基础上，双方发挥各自优势，做好专业内容。梅州频道充分发挥权威平台优势和内容策划传播优势，与“梅州生活服务”联手推出美食栏目《小梁带你探店》等，创新推广“梅州生活服务”衣食住行服务资讯。“梅州生活服务”发挥电商运维和社区链接优势，提升合作的转化能力。目前，不少南方$^+$的读者成了“梅州生活服务”的粉丝，而“梅州生活服务”的粉丝也通过一些双方联合的推广活动了解南方$^+$，加入南方$^+$读者群。

四、确立首席地位，推动主流媒体挺进主战场

在坚持首创价值、强化首发功能、达成首选目标的基础上，围绕地级以上市中心工作，争取进一步提升主动设置议题的能力，努力成为区域舆论场的“总导演”，确立和巩固南方$^+$的首席地位，形成发展闭环，为新型主流媒体的长远发展筑牢根基。

最具代表意义的案例，是“十问汕头”的火爆出圈。2021 年 1 月 4 日，地方频道自营南方号“二月春风”发表《十问：汕头何日再出头？》一文，迅速在舆论场引发强震。上线 12 小时即

获超25万流量、近百条评论。微博、微信、今日头条等平台上亦有众多网民自发转载。“深度＋观点”的行文，回顾了汕头从辉煌开局、高开低走到成为“特困区”再到如今希冀“迎头赶上”的历史，通过营商环境、支柱产业、高新产业、海洋经济、交通运输、城市基础设施、侨乡优势、人才窘境、城市规划、新时代出路等十个议题的设置，形成了充实饱满的内容，加上政府文件、官方数据、官员想法、专家声音作为佐证，给用户带来明显的信息增量，满足了核心用户对高端时政信息的需求，因而形成了良好传播。

经过近几年传播力、公信力、影响力的建设，作为新型主流媒体的代表，南方+已经取得了相对明显的先发优势。然而，首席地位的确立和巩固不在一朝一夕，不能毕其功于一役，需要我们久久为功，持续不断地付出努力。地方频道将坚持正确舆论导向，强化内容生产传播的主业地位，发挥内容生产优势，持续提升传播力建设，打造有生命力、影响力的高品质内容产品，形成更强大的舆论引导力，牢牢掌握主流媒体在区域的主动权、主导权和话语权，做好全面挺进主战场的“主力军”，走好全媒时代的群众路线。

湛江抗疫报道中的南方$^+$下沉策略实践

近年来，南方报业传媒集团贯彻落实推动主力军全面挺进主战场，走好全媒体时代群众路线的要求，深入实施南方$^+$客户端的下沉策略。在2022年5月的湛江抗疫报道中，下沉策略背景下的南方$^+$湛江频道广泛连接资源，凸显了平台价值；省、市、县三级媒体资源共享、协同作战，实行全媒体一体化生产和传播，成功引领抗疫舆论，下沉策略为进一步推进媒体深入融合发展进行了有益探索，亦为主流媒体积极参与社会治理提供了参考样本。

2022年5月6日，湛江市发生涉及病例数最多、管控范围面最广的一次本土新冠疫情。面对此次区域性突发公共事件，南方报业传媒集团正在深入实施的下沉策略在抗疫报道中发挥了重要作用。

从布局建设来看，由南方$^+$湛江共建频道、南方日报湛江观察和视窗及其代运营的“湛江发布”等公众号组成的区域立体传播矩阵，由集团特派报道组、湛江分社记者和各县（区）通讯员组成的内容生产体系，共同搭建起了区域全媒体生产和传播链条，为抗疫宣传报道取得良好效果打下了坚实的基础，提供了有力保障。

从生产传播来看，推进内容生产供给侧结构性改革，上下联动，南方报业传媒集团内部实行移动优先的一体化生产；同城互通，省、市和县融媒体中心三级媒体共享资源、协同作战，最大限度调动起区域内所有媒体资源，合力营造良好的抗疫舆论氛围。

从报道效果来看，积极参与疫情应急社会治理，以权威信息回应社会关切，以技术赋能搭建服务平台，以舆情专报当好决策参谋，以系列评论引领主流舆论方向，以暖新闻驱散疫情阴霾。

截至 2022 年 5 月 23 日疫情趋于平稳，南方报业传媒集团共推出原创新闻 700 余篇，单稿最高流量超过 130 万，成功引领了抗疫主流舆论，肩负起了习近平总书记要求的“更好强信心、暖人心、聚民心，更好维护社会大局稳定”的使命职责，受到省、市领导的肯定。此次抗疫报道为集团在更深更广的维度实施下沉策略积累了经验，为主流媒体实施下沉策略、积极参与社会治理提供了样本。

一、下沉深耕，地方频道主平台作用凸显

深入实施深耕区域的下沉策略，是南方报业传媒集团推动主力军全面挺进主战场，走好全媒体时代群众路线的重要举措。近年来，南方日报和南方+坚持报端一体化发展，坚持移动优先，集约资源、科学布局，不断推动地方频道改革创新。

下沉策略

2018 年 3 月，作为加快推进媒体深入融合发展的重要举措，南方报业传媒集团提出以南方+频道建设为载体，与地方党委、政府开展深度合作，推动新型主流媒体资源下沉到区域的发展方向。经过三年多的发展，目前全省地级以上市南方+共建频道总数达到 400 个，全覆盖的规模基本形成，传播力和影响力不断提升。2022 年初，集团提出推动下沉策略的十大行动计划，重点推进“四个下沉”“两大变革”“四个支撑”共十项行动，在前期规模化的基础上，进一步深耕细作，巩固成果，提质增效。

此次湛江抗疫报道，下沉策略的成功实施发挥了重要作用。

1. 下沉布局建设提供有力保障

根据下沉策略的统一部署，南方报业传媒集团各分社和记者

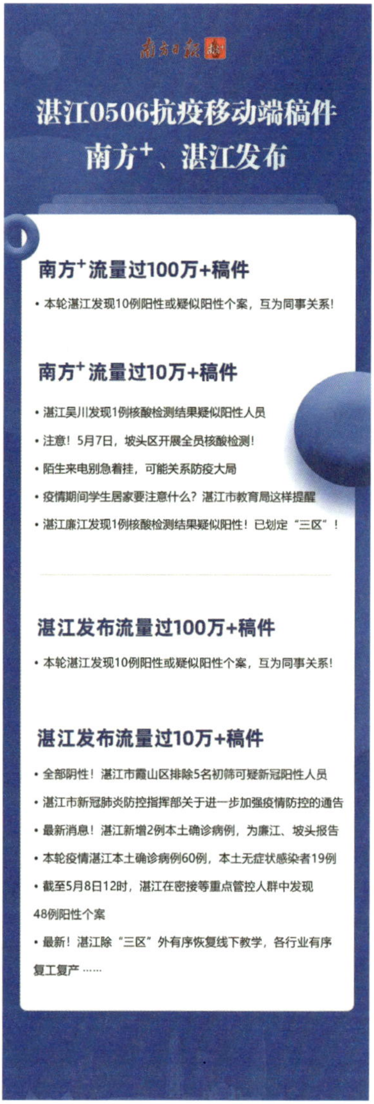

湛江 0506 抗疫移动端稿件发布情况

站结合各地经济社会发展水平、文化特色，找准自身坐标定位和发挥作用的空间，在平台、内容、服务、人员四个方面实施各具特色的下沉深耕。

湛江分社以南方日报湛江观察和南方⁺湛江频道为核心，构建由南方日报湛江观察、廉江视窗、遂溪视窗、吴川视窗，南方⁺湛江频道统筹的23个共建频道，代运营的“湛江发布”“廉江发布”“吴川发布”“坡头发布”“健康湛江”“湛江政法”等公众号组成的区域立体传播矩阵，形成了由派驻各地记者和当地通讯员组成的内容生产体系。

随着下沉策略的深入实施，这一全媒体生产和传播链条不断成熟完善。在此次抗疫报道中，发挥出了生产端的信息源作用、传播端的主平台作用。疫情发生后，湛江分社记者立即进驻各地疫情防控指挥部，掌握权威信息的首发权，通讯员队伍不断提供新闻线索，确保“重大新闻不缺席，权威发布必有我”；立体化的传播矩阵将抗疫信息和报道迅速铺开、广泛传播、形成影响，下沉策略为抗疫宣传报道取得良好效果打下了坚实的基础，提供了有力保障。

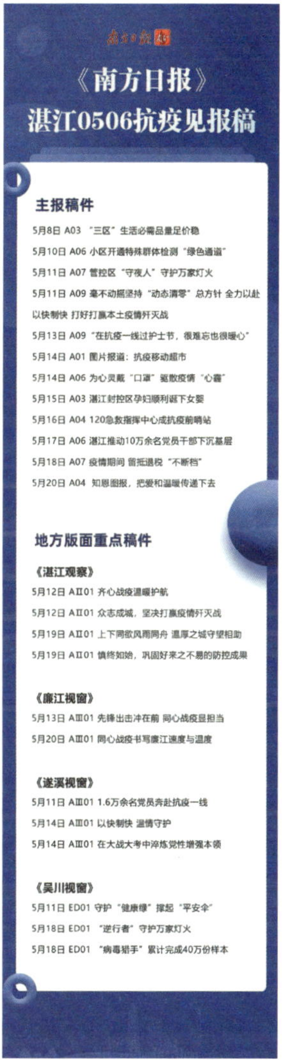

《南方日报》湛江0506抗疫见报稿

2. 总部人员下沉提升内容生产力

疫情属于高烈度公共事件，为确保抗疫宣传报道及时有效，南方日报迅速派出6名骨干记者下沉湛江，与分社记者组成联合报道组。

联合报道组的组成体现了南方报业传媒集团报、刊、网、端一体化发展的指导思想，下沉策略的全集团“一盘棋”工作思路。如果将各地分社和记者站的下沉深耕看作是“静态下沉”，那么适逢区域重大新闻事件时的总部支援地方，则是把最核心的生产力投放到最前线的“动态下沉”。“动静结合”是实事求是、切实有效的下沉手段。

派驻湛江记者由 2 名理论评论部评论员、2 名时政新闻部记者和 2 名音视频部记者组成。时政新闻部记者为医疗线记者，熟悉全省防疫政策，抗疫报道经验丰富，抵湛后对接湛江防疫指挥部；音视频部记者弥补了重大突发公共事件报道时，分社音视频制作力量相对不足的短板；理论评论部评论员靠前发声，第一时间设置议题，旗帜鲜明地引领舆论，成为此次抗疫报道的一大亮点。派驻记者与分社记者深入一线，分工明确、协同作战，有效提升了内容生产能力，确保了抗疫报道的产能和质量。

鉴于抗疫报道的时效性要求，此次抗疫报道主要集中在南方+湛江频道统筹的移动端平台发布。2022 年 5 月 6 日至 5 月 23 日，南方+湛江频道统筹各平台发表原创报道 700 余篇，单条稿件最高流量超过 130 万；“湛江发布”刊发 138 条涉疫稿件，单条稿件最高流量达到 117 万。

二、协同作战，一体化生产和传播集约高效

此次抗疫报道集团内部上下联动，省、市媒体同城互通，推动内容生产供给侧结构性改革，进行全媒体生产传播一体化组织，有力提升了生产和传播效能。

1. 上下联动，生产和传播重心前移

针对抗疫报道的区域性、时效性要求，南方报业传媒集团将生产和传播重心前移至湛江，对一体化生产提出了更高要求。地方新闻部总部与湛江分社、南方$^{+}$及南方日报相关部门密切联系、协同作战，确保由稿件、图片、海报、视频组合的“超文本”生产的时效性和呈现匹配度。

总部全媒体编辑工作室联合前方记者快速集纳防疫资讯，确保权威信息及时首发。视频产品实行前方拍摄和后方剪辑制作，分工合作提高效率。渠道分发则坚持“先端后报”，湛江频道重点发布每日疫情通报、确诊病例详情、“三区”调整等时效性强的信息及各类新媒体产品；观察、视窗等纸媒则侧重呈现抗疫的整体部署和进展情况。湛江分社每日向总部报送工作专报，将疫情防控进展、采编报道情况和舆情信息及时汇总报告，为统筹部署提供决策参考。根据抗疫进展，分阶段确定报道主题和方向。除全程及时披露权威资讯外，初期侧重报道物资保障，中期集中展示抗疫成效，后期聚焦暖心故事。

2. 同城互通，体现省、市党报命运共同体发展理念

《关于加快推进媒体深度融合发展的意见》指出，要按照资源集约、结构合理、差异发展、协同高效的原则，完善中央媒体、省级媒体、市级媒体和县级融媒体中心四级融合发展布局。2021年12月，南方日报与湛江日报签订了省、市党报深度融合战略

合作协议，这是集团贯彻落实中央要求，在更高层面实施下沉策略的重要举措。在建设新型主流媒体的过程中，省、市党媒使命一致、担当一致、机遇一致、挑战一致，应当形成命运共同体，通过深度融合实现共同发展。

疫情发生后，湛江分社迅速连接县级融媒体中心，获取第一手新闻线索，并与湛江日报、湛江市广播电视台等本地媒体建立“湛江抗疫信息共享群”，实行疫情防控信息共享、新闻线索共享和抗疫报道共享，形成省、市、县三级媒体协同作战的态势，最大限度调动起湛江的所有媒体资源，合力营造良好的抗疫舆论氛围。2020 年曾因疫情滞留徐闻，受到多方帮助的湖北小伙韩金宇得知湛江疫情后，从千里外的湖北襄阳赶赴湛江，成为一名志愿者。自 2020 年以来，湛江日报一直与徐闻徐姐志愿服务协会保持联系，在获取新闻线索后，与南方日报等媒体进行共享，多家媒体各展所长，刊登了《逆行千里报答“温厚湛江”！湖北小伙火速奔赴湛江“疫”线做志愿者》《韩金宇，你为何千里逆行去湛江？》等报道，展现了疫情之下的温暖与真情。

三、创新服务，多维度发挥媒体社会治理功能

党的十九大报告提出“打造共建共治共享的社会治理格局”。社会治理的典型特征是参与主体的多元化，人人有责、人人尽责、人人享有。信息社会每台移动终端都有可能成为一个缩微媒体，

面对复杂多变的舆论生态，主流媒体凭借公信力和影响力，在信息传播、舆论引导、社会服务、拓宽用户参与途径等方面，成为社会治理的重要组成部分。此次湛江疫情，南方日报和南方⁺多维度发挥了媒体的社会治理功能，起到了积极作用。

1. 主题评论旗帜鲜明引领舆论

重大公共事件需要媒体发表评论进行归纳分析、表态引领、深化总结和监督警醒。此次抗疫评论不仅保持了南方日报评论的一贯高水准，而且针对抗疫要求进一步提升了时效性和贴近性。快速聚焦主题、快速设置议题、快速成文、快速分发，用时评和快评相结合的方式形成舆论强势，先后发表了《众志成城，坚决打赢湛江疫情歼灭战》《在大战大考中淬炼党性增强本领》《慎终如始，巩固好来之不易的防控成果》等时评，《湛江抗疫：没有旁观者，只有参与者》《今天是你的节日，向奋战在抗疫一线的护士致敬！》《湛江高考时间不变！读懂蕴含其中的抗疫信心指数》《做好人文关怀，关注疫情下的心理健康》等快评。经由省、市、县三级媒体的多渠道广泛分发，对形成抗疫主流舆论场、有力引领抗疫舆论发挥了突出作用。

2. 舆情专报当好桥梁纽带

媒体参与社会治理的一项重要职能是发挥桥梁纽带作用。疫情发生后，抗疫前线是医护人员与病毒竞速，网络舆论场是权威信息与各类传言赛跑。湛江分社与集团特派报道组加强与湛江疫情防控指挥部、市委宣传部联络，搭建沟通桥梁，一方面第一时间抢发权威信息以正视听，另一方面联合集团旗下的南方舆情研究院，收集涉疫舆情进行汇总分析，以专报、快报形式报送相关部门，协助相关部门及时回应社会关切，做好涉疫舆情的疏导和处置。

3. 抗疫平台贴心服务群众

为公众提供信息类服务是媒体参与社会治理的基本职能。除了新闻报道外，地方新闻部总部联合南方$^{+}$技术部门迅速上线了“湛江抗疫服务平台”，平台由南方$^{+}$湛江频道运营，充分考虑用户居家隔离、就医、日常生活等需求，集防疫信息、核酸检测、生活资讯、问询反馈、科普宣传、专家访谈于一体，在帮助用户高效掌握防控信息的同时，也增强了公众战胜疫情的信心。

案例

“梅州生活服务”上线南方⁺梅州频道

近年来，南方报业传媒集团梅州记者站落实集团纵深推进媒体融合发展的决策部署，深耕区域新闻，以传播力建设为重心，着力提升南方⁺的传播力、引导力、影响力、公信力。在巩固和壮大主流舆论阵地的基础上，探索“新闻＋政务服务商务”的运营模式，创新媒体与市场的融合业态。2021 年 6 月，“梅州生活服务”电商平台上线南方⁺梅州频道，这一新闻客户端与电商的融合发展案例，是南方⁺的传播力转化为营收力的有效实践。

新闻＋生活，流量变现链接新市场

2020 年，中共中央办公厅、国务院办公厅联合印发的《关于加快推进媒体深度融合发展的意见》指出，要发挥市场机制作用，增强主流媒体的市场竞争意识和能力，探索建立“新闻＋政务服务商务”的运营模式。

“新闻＋”的运营模式，使新闻的基础地位更加突出，做好新闻报道是媒体安身立命之本，是实现政务、商务、服务价值的前提。

做好新闻，内容为王，一直是主流媒体的基本职责。近年来，在推进媒体纵深融合发展的过程中，南方报业传媒集团突出实施下沉策略，要求记者站坚持“新闻立站”理念，就是要在引领区域新闻舆论的前提下，让传播力赋能，并转化为生产力。

截至2020年，南方+在梅州共建立起12个共建频道，全年总发稿量约1.2万条，总点击量约1.45亿次，评论数约1.9万条，转发量约为209万次。端内10万+爆款稿件频出，全年近50条。不少优质稿件频频受到省、市、县领导转发、批示。南方+在梅州区域的主流舆论阵地已初步建起，传播力保持与日俱增的良好态势。

如何把新闻流量转化为经营能量？这是梅州记者站一直在思考想要解决的难题。2021年，经历新冠肺炎疫情后，市民网购的偏好愈发明显，电商市场不断走红，由此衍生的直播带货、网红店等业态，成为一时之现象。

梅州记者站团队敏锐发现，在电商市场中，电商平台鱼龙混杂，质量参差不齐，不少电商平台渴望“媒体背书”，与媒体平台合作，既能获得媒体公信力的肯定，又有利于市场的开拓。而一贯严肃的新闻客户端也需要鲜活的生活气息，需要区域吃喝玩乐的文旅资讯，使用户既能看新闻，又能品生活。

为此，梅州记者站选择与梅州生活电商平台融合。“梅州生活服务”是梅州本地比较成熟的为市民提供衣食住行服务的一家电商平台。该平台日常运维内容不涉及政治，且很看重梅州频道的流量，希望受众在南方+看完新闻的同时，能被引流到“梅州生活服务”平台，带动消费。双方一拍即合。2021 年 6 月，“梅州生活服务”正式上线南方+梅州频道。

传播+平台，优势互补激发新活力

“媒体+电商”是“新闻+服务商务”的运营模式之一，从已有的实践案例来看，主要有两种融合方式。一是媒体提供信息流服务，主要由媒体提供商业广告或软文服务，向读者推荐电商平台。这一模式的特点是媒体平台单向传播，对电商平台而言，这种融合模式主要是品牌的市场运维，缺乏双向的转化互动。二是媒体自己办电商平台。这是一种跨界的融合，电商运营涉及产品把控、销售渠道、售后服务等环节，各个环节的市场区分精细，稍微有个环节做得不好，都有可能导致经营损失。因此，媒体人自办电商，难度可想而知。

结合实际，梅州记者站的小团队想要自办电商平台，现有条件根本不可能。站里的优势在新闻，在采编，在有好的内容生产能力，在有权威的南方+甚至全网的传播渠道。因此，南方+梅州频道与“梅州生活服务”的融合，是媒体平台与电商平台发挥各自优势的融合，相互赋能。

具体来说，依托梅州记者站的采编能力，在确保导向安全、技术安全的基础上，实现全媒体融合传播。一是内容推动，采编团队与“梅州生活服务”联手推出“小梁带你探店”等美食栏目，通过视频、海报等新闻产品，创新推广年轻人爱看的服务资讯，包括店家优惠等消费资讯；二是平台带动，读者可在南方+梅州频道首页显著位置直接点击链接，进入“梅州生活服务”的电商平台，根据消费需求直接下单。同时，梅州频道的新闻报道后面，还有“梅州生活服务”的信息流广告，受众浏览完新闻，可以顺带点击进入电商平台。

平台间优势互补，既为电商带来活力，也为客户端带来“烟火气”。据统计，合作一年来，通过南方+进入“梅州生活服务”平台的点击量约 83 万次，有效拉动了消费。不少南方+的读者成为了“梅州生活服务”的粉丝，“梅州生活服务”的粉丝也通过一些双方联合的推广活动了解南方+，加入南方+读者群。

双方在创造更多价值的过程中，实现了一起分享价值。“梅州生活服务”提供基本的入驻平台费，增值中的一部分又反过来投入给南方+。

案例

梅州、云浮疫情期间，南方$^{+}$积极引导舆论

2022 年 1 月 16 日—18 日，南方$^{+}$客户端先后发布《梅州市五华县在密接排查中发现一名无症状感染者》和《密接者来罗定隐瞒行程、参加婚宴，相关责任人被拘留！》两则消息，在全网引起广泛传播。有别于以往疫情通报由党委、政府先发布，媒体再转发的惯例操作，这两则消息系南方日报、南方$^{+}$积极作为，在不违反疫情报道纪律、“帮忙不添乱”的前提下，主动发挥主流媒体的舆论引导作用，及时回应社会关切，平复汹涌舆情，有效引导公众积极配合防疫举措，在当时春节临近、各地级以上市返乡人员流动和聚集加剧的背景下具有特殊意义，更为推动地方完善涉疫舆情处置进行了有益探索、积累了实践经验。

一、两记者站主动担当作为，严谨求证大胆发布

2022 年 1 月 15 日，梅州市五华县在对珠海一确诊病例密接者的核酸检测中发现一份可疑结果，当地将样本送上一级部门进

一步核查，同时采取“先封、先采、先管控”措施，对该密接者的活动范围进行管控，并着手开展大规模核酸检测。很快，五华对相关镇、村进行管控的视频被沸沸扬扬传开，网络上出现“五华隐瞒不报确诊病例”“媒体集体失声”等言论。质疑不断，舆情汹涌，公众都在等待一个权威的回应。但在是否发稿的问题上，各级宣传部门却存在较大分歧。一方面，五华宣传部门从回应舆情和发动群众配合防控举措的角度考虑，建议发稿；另一方面，也有领导认为，检测结果究竟是定性为“阳性”还是“检测异常”仍未可知，建议先一律不报。这种观点影响了决策，当地媒体统一不作报道。面对两难问题，南方日报梅州新闻部积极与总部、跑线部门、广东省疫情防控指挥部沟通，大家对“信息的公开透明是稳定人心最好的防控举措”形成了共识。在五华县疫情防控指挥部的支持下，梅州新闻部决定对五华“先封、先采、先管控”的做法及时报道，澄清谬误。16日早上，南方$^+$独家发布《梅州五华将于16日至19日开展全员核酸检测》《梅州五华对这些地方进行管控》两则报道，立即获得大量关注，点击量50万+，间接回应了社会关切，舆情很快得到平复。16日，该密接者被确诊为无症状感染者，梅州站在南方$^+$首发《梅州五华县在密接排查中发现一名无症状感染者》，获得近80万点击量。

罗定稿件的发布过程也与梅州相类似。1月17日晚，云浮罗定市新冠肺炎疫情防控指挥部就附城街道丰盛村聚集性活动造成疫情防控风险隐患的情况作出通报。该通报并未对外发布，仅在微信朋友圈小范围传播。南方日报地方新闻部云浮站监测到该信息后，迅速核查“健康罗定”“云浮疾控”等发布的官方信息，但并未发现相关报道。18日，各种小道消息在网络上不胫而走。在官方仍未表态的情况下，南方报业传媒集团云浮记者站主动作为，先核查这名罗定密接者的相关报道，而后向罗定公安求证案件当事人处置情况，得到肯定答复后，形成稿件《密接者来罗定隐瞒行程、参加婚宴，相关责任人被拘留！》。在这个过程中，罗定有关部门联系上记者，委婉表示这不是罗定市想大力宣传的内容，要求记者交待信源、说清事实核查过程。记者出具了相关证据，从疫情防控大背景和新闻专业的角度对罗定的意见进行了回应，并全面分发该稿。短短4小时，稿件阅读量就超过了35万，并于当晚突破60万，最终阅读量超过87万。

二、平息舆情取得良好效果，引导舆论获得充分肯定

五华全员核酸和区域管控的消息发布后，很多网友感叹“终于发布了”并为五华加油，还主动提出近期不去五华等注意事项。五华重视患者检测结果异常情况，第一时间采取“先封、先采、先转运”等果断措施，获得了广东省疫情防控指挥部“教科书式的经验”这一高度评价。1月20日，梅州市疫情防控指挥部通知全市各县（市、区）参观考察团到五华县宣传教育组考察，充分肯定了南方日报在五华疫情防控宣传工作中“守正创新，引导舆

论”的做法。

罗定稿件发布后，云浮市委书记卢荣春评价:“罗定做得好!这个通报要在云浮电视台宣传并在报纸上刊登。”随后，云浮市常务副市长吴泽桐也要求:“加大宣传，加强农村地区防控管理。”在得到云浮市委主要领导以及市政府分管疫情防控工作领导的肯定后，云浮记者站的独家报道迅速下沉到云浮乡镇和农村地区，并得到央视频 App 等权威央媒转发。“防疫人人有责，违规者必被追责”的观念在用户层层转发的过程中得以不断强化，有力地支持了云浮的防疫工作。

这两个案例充分体现了南方日报、南方⁺始终坚持正确舆论导向和工作取向，在围绕中心、服务大局中找准坐标定位，牢记社会责任，敢于担当作为。面对复杂局面，面对汹涌舆情，我们清醒认识到，如果不及时发声回应群众关切，任由舆情发酵，将不利于防疫大局，也有损当地党委、政府形象。作为扎根一线的党报党端，我们不等、不靠，在充分理解一线决策困境的前提下，充分发挥专业精神，寻找可为空间，抢占舆论制高点，用正确的舆论强信心、聚民心，在履行好引导主流舆论职责使命的同时，也有力地帮助了地方党委、政府完善涉疫舆情处置。

案例

河源频道：集中力量抢占新媒体阵地

进入移动互联网时代，仅有3位记者的河源记者站如何工作才能有新作为？

依托广东省委省政府权威信息发布平台、南方报业传媒集团全力打造的新型主流媒体平台南方$^+$客户端，河源记者站有所为有所不为，突出重点集中力量持续不断落实下沉策略，推动了南方$^+$在河源地区较全面地落地、下沉，扩大了南方$^+$在河源的传播力、影响力和营收力。

一、及时开展频道共建工作，较早实现市县频道全覆盖

河源记者站以南方$^+$客户端为载体，大力实施南方$^+$深耕下沉，推动新型主流媒体资源下沉到河源市、县两级党委和政府，与河源市、县两级党委和政府共同建设地区频道。2019年1月，南方$^+$河源频道和南方$^+$源城、东源、龙川、紫金、连平、江东新区等7

个频道上线；2019年8月，南方⁺和平频道上线。至此，河源实现南方⁺市、县（区）两级共建频道全覆盖。

南方⁺河源市、县(区)共建频道的全部上线，有效提升了“南方⁺”在河源的影响力和服务能力。与南方报业传媒集团合作，河源市各级党委政府从此新辟了高端、权威的移动端权威信息发布平台和对外展示窗口。这一新平台和大窗口，大大有利于讲好河源故事，传播好河源声音，提高党的舆论传播力、引导力、影响力、公信力，有助于正能量更强劲、主旋律更高昂。

二、拓宽频道发展路子，南方报业小记者成示范项目

河源记者站依托与第三方合办的南方⁺河源教育频道开展南方报业小记者项目，短短两三个月就已招募四五百位会员，不久前结束的科技强国研学夏令营活动，发出报名信息不到三天，限量的二三十位学员名额便被一抢而空。

截至2022年8月，南方报业小记者项目已与河源25所学校和单位共建了校园记者站和实践（研学）基地，已在8所学校和4个实践基地开展公开课和研学活动，参与人数达3000多人。

南方报业小记者跟随南方报业传媒集团河源记者站记者，先后开展了“五一劳动奖章获得者”“河源高考”“校长老师同学”等采访活动。围绕“红色基因”“科技强国”“乡村振兴”主题，小记者参加了河源消防、公安、档案馆举办的活动，参观了科技

馆、产业孵化基地、高新企业，走访了河源特色小镇、茶园旅游融合发展基地等。

小记者通过实地采访、参观等活动，提升了自我，小记者项目获得学校老师和家长的一致好评；同时，也向社会展示了南方报业的风采，极大拉动了学生家长和亲友下载南方+，提升了南方报业的影响力。

如今，率先在河源站开展的南方报业小记者项目已陆陆续续推广到省内其他记者站。

三、采写报道下沉，长年走访乡村挖掘重点题材

河源地域广阔，属山区丘陵地区，素有“八山一水一分田”之称，全市人均矿产、森林、水、土地资源均居全省第一。放眼广东省，河源值得向人称道的是其自然资源、生态环境、风景名胜、乡村振兴等。河源的这些属性，要求想干一番事业的主流媒体记者必须长期深入基层乡村，不断增强脚力、眼力、脑力、笔力，采写刊发无愧于新时代的新闻力作。

例如，在传统媒体南方日报，仅2022年8月，《南方日报》头版和其他重要新闻版就刊登了河源记者站采写的《河源青年谢增县返乡种桃，建立当地首个农旅综合体 “乡村是我未来生活的全部”》《河源市委书记林涛：争当“融湾”生态优先绿色发展排头兵》《河源全力做好“水文章”，努力打造全省绿色

发展新标杆　把生态好水变成经济发展“活水”》，这3篇报道都获评优秀稿件。

在新媒体南方⁺客户端，河源记者站采写发布的新媒体作品数量更多，质量也不错。仅今年以来，就采写发布了“我在河源过大年”“新春走基层”“河源传统村落探访”“探访连平美丽乡村风貌示范带”“致敬河源劳动者”“龙川何以名列省级高新区创建首位”“紫金争做河源乡村振兴示范标杆”“龙川现代高效农业日益凸显”“河源茶看个够”等近20组包含文字、图片、视频在内的系列全媒体报道。

上述在传统媒体和新媒体刊发的沾满乡土气息的报道，都是记者下沉至镇村山脚田间地头得到的结果，均得到社会各界的一致好评。

四、开放生产，让更多通讯员和拍客参与内容生产

河源记者站仅有3位记者，无法包揽当地所有新闻报道，只有依靠各行各业热爱新闻报道的人士，才有可能让报道，尤其是新媒体报道显得丰富多彩。

粗略估算在南方⁺已发布的有关河源的报道中，约八成文稿、约七成视频、约六成图片是由南方日报、南方⁺通讯员提供的。有了通讯员勤奋供稿，才可保证日常报道的持续不断。有了通讯员勤奋供稿，记者才能腾出较多时间精力采写拍摄重大题材新闻。

例如，河源记者站在全省独创的“逵哥影说河源今昔”系列报道，便是“开放生产”结出的硕果——成立地级市30多年来，河源广袤大地发生翻天覆地的变化，曾经的某些场景荡然无存，幸有原资深媒体人逵哥的长期零星影像留住历史；当今的河源发展，日新月异，逵哥通过独特视角，捕捉极具当代性的影像，让人观之倍感亲切，令人感慨系之。“逵哥影说河源今昔”系列报道图文并茂，两翼齐飞，今昔共存，让河源社会变迁得以在权威、主流媒体客户端大规模展示，成为永不落幕的图文展览，获得河源各界人士的高度称赞。

五、集中人力精力下沉，让重大项目大放异彩

近年来，河源记者站对重大项目加配人力物力财力，重点实施的现场直播、图文直播、直播带货等时新的采制传播手法，无一不是落实下沉策略的结果。

例如，2020年12月21日，珠江交响乐团莅临河源桃花水母大剧院举办新年音乐会，开展文化惠民演出。河源记者站抢抓机遇，主动作为，联合各方通力合作，通过南方⁺对演出进行全程两个多小时的视频及图文直播，获得社会各界人士一致好评，为南方⁺吸引不少高端粉丝。河源市政府、广东省工商业联合会联合主办了“河源市2019年粤港工商社团投资年会”。河源记者站通过南方⁺平台开展两三个小时的现场直播，与读者全程见证

了年会精彩时刻。

河源记者站跳出传统新闻报道窠臼，下沉尝试的直播带货活动和报道也值得一提。2022 年 7 月上旬，河源记者站借助南方+河源频道尝试开展了两场直播带货活动。这两场直播是河源市商务局主办的系列线上营销活动的一部分，在没有大规模宣传的情况下，这两场直播流量相当可观，得到河源市商务局领导的高度评价。

案例

韶关频道：优质内容为抓手、创意活动为突破口

2022 年，南方报业传媒集团党委书记、社长黄常开发出坚持“长期主义”的动员令，部署始终对准传播力建设这个“城墙口”冲锋，推动南方+深入实施下沉策略，全力把它建设成为高水平新型主流媒体。

近年来，南方报业传媒集团韶关记者站以“优质内容为抓手、创意活动为突破口，坚持硬新闻留住好读者、创新机制带来增量资源”的做法，努力使南方+韶关频道成为当地最具影响力的新闻宣传平台，着力探索集团下沉策略的韶关方法论。

一、优质内容赋能“南方”实力

一直以来，韶关站坚持高质量内容的稳定输出，吸引一批又一批高质量读者群。优质内容是韶关站全面挺进县（区）、镇（街）、村（居）和各垂直领域的根本法宝。在韶关的大事要事前，韶关站更是以原创、独家和精品内容，持续输出自身的影响力，优质

内容成为深耕地方的最有力手段。

每当韶关有重大事件发生，韶关读者群体总会期待阅读韶关记者站的作品。韶关站的优质作品支撑、引领着韶关舆论场，这便是内容带来的影响力最大化。

1. 奔赴最危险一线，用深度报道还原防汛阻击战

2022 年 6 月以来，韶关经历了有气象记录以来的最大一轮降雨。在特大暴雨的侵袭下，北江流域发生了罕见的洪涝灾害。韶关记者站按照集团统一部署，精心策划，前后联动，与机动部和视觉部强强合作，建立汛情报道专班，全方位全链条全覆盖做好防汛抗灾报道。

在一线，记者与暴雨“赛跑”，在得知翁源县和新丰县的暴雨预警后，第一时间驱车到达现场，赶赴灾情最严重的第一线。记者在翁源灾情现场扎实采访、详实报道，挖掘出大铲斗救出幼儿园小朋友等众多感人故事和细节；在新丰，记者用细腻的笔触，报道当地的应急、民兵等力量“突围”救援的动人故事。

暴雨降在韶关城区。韶关记者站与机动部和视觉部积极联动，奔波在一线，挖掘最生动的素材。头版报道《“一个也不能少！”》展现防汛救援的生动画面，为受灾群众输送正能量；特写稿《一张密密麻麻的手写出警单》抓住生动细节，记者跟随消防人员一起出警，赶赴灾情第一线；综述稿《韶关众志成城防大汛》立体化呈现当地防汛情况，快速传达韶关一线声音。

韶关站独家挖掘的众多感人事迹，已成为韶关市委、市政府以及相关部门汇报材料的“基石”。众多汇报事例，如“消防车救援被洪水冲走已脱险”“消防员横渡洪水搭建生命通道”“手写出警单”，皆为韶关站独家原创首发。

前方记者在一线直击防汛抢险最生动最详实的内容，后方记者尽全力联系统筹到最全面的全景化材料。两者结合，将一场惊心动魄的防汛阻击战展现在读者眼前。

2. 运用生动的笔触，全方位多角度引领舆论场

2022年3月15日，韶关新增1例确诊病例（轻型）。韶关记者站立即强化新闻策划，全站动员，全力以赴做好相关报道。采访报道中，记者深入疫情一线，走访管控区、医院、孕妇家中，用扎实的采访、最快的速度、多角度立体式报道，在各大媒体报道中脱颖而出，引领韶关舆论场。

发独家，住在管控区内的记者扎根管控区一线，写出多篇“发自韶关管控区”的深度报道；写深度，记者身着防护服，深入到封控区、管控区，写出系列生动报道《疫情管控区内，这位孕妇迎来了为她安排的特殊“上门服务”》《直击“幕后英雄”：连续工作14个小时，承担30万人份的核酸检测》，多篇报道被医院书记点赞转发；做直播，3月18日韶关举行疫情防控新闻发布会，南方+客户端的稳定系统和前后方良好联动，直播观看量达30万人次；有态度，在确诊者信息被网络曝光并声讨时，记者发

出评论《我们的敌人是病毒不是感染者》引起广泛共鸣，读者积极转发，单篇达10万流量。

在此期间，韶关市委、市政府领导点赞并转发直播等相关报道；地方媒体纷纷转载韶关站记者报道；当地头部医院主动邀请站里记者采写稿件。经此一役，越来越多的韶关读者将南方⁺作为了解最新、最权威资讯的首选媒体。

二、创意活动打通“流量池”

在移动互联网时代，传播的“打法”有所变化，用户需要持续拉引，传播需要精准到位，服务需要快速更迭，而始终追随潮流与热点的创意活动可满足上述需求。

一场全流程的创意活动，可以在行业或单位实现上接下达，上接行业或单位核心联系人，下达核心读者群体。如此这般，影响力便在创意活动中逐渐聚合。活动自带的高流量属性加上创意包装，能有效实现既叫好又叫座的媒体现象，成为下沉地方，激活末梢活力的有力手段。

2021年，为推动韶关党史学习教育走进青少年，中小学掀起学党史热潮，南方日报、南方⁺携手韶关市委宣传部、团市委、教育局举办“学党史·讲故事”活动。

与该活动配套的全媒体报道通过呼吁学校参赛、引导学生参加，有效将韶关学校、学生和家长引流至南方⁺。同时，通过搭建社群，及时将关心韶关教育的家长和老师转化为南方⁺的潜在受众，激活韶关教育广阔的流量池。全媒体报道还将通过展出优秀作品、挖掘作品背后的故事，持续提升活动影响力。

活动启动后，引起韶关 10 个市、区（县）学校的热烈反响，2799 份作品彰显了韶关学子学党史的热情。全市 342 所中小学踊跃参赛，占韶关学校总数的 95%。当网络投票环节开启后，韶关人的朋友圈掀起优秀作品的点赞热潮。最终，超 40 万人参与投票点赞，点赞总数达 200 万。

该活动是韶关记者站的首次自选活动，获得当地相关部门的鼎力支持和一致好评。借此活动，跑线记者成功融入韶关教育系统，激活韶关潜在流量池，为后续南方⁺韶关教育频道的共建奠定坚实的基础。

此后，韶关站总结创意活动的先进经验，开展医疗行业“点赞你心目中的韶关好医生”、文旅行业“2022 年韶关最受市民欢迎风度书房线上投票评选活动”，还有最美退役军人、最美军嫂等多项优质创意活动。上述活动场均流量皆为百万级别。

三、开先河推出战“疫”特刊

韶关站聚合集团服务能力，并根据地方客户的特色需求，积极创新模式机制，打造出符合县域、行业等领域的服务场景，打造出万般变化只为适应下沉的“南方”服务品牌。

2020 年 3 月，南方报业传媒集团韶关记者站与韶关市委宣传部共同精心策划，与区（县）宣传部门紧密沟通，记者深入采访、用心编排，在一周的时间内，完成采编任务，打破常规推出了《韶关战“疫”》特刊。

《韶关战“疫”》以 8 个整版的大型特刊形式，全面、集中、深入报道了韶关市上下一心、众志成城统筹推进疫情防控与经济社会发展，奋力夺取抗疫情、稳经济战役“双胜利”，报道推出后在社会上引起强烈反响。

该特刊不仅在南方日报没有地方观察版的地市中首开先河，而且也是粤东、粤西、粤北 12 个市第一个推出的地市战“疫”特刊。特刊在韶关一纸风行，树立了该市在抗疫大局中积极有效作为的良好形象。

四、探索“众筹”共建频道新路径

服务好地方党委、政府的中心工作，是党报党端宣传工作的重中之重。为此，韶关记者站扎根韶关地区，与韶关市、区（县）两级宣传部门紧密沟通联系，推动实现当地市、区（县）两级共建频道全覆盖。共建频道，正是省级党媒进行下沉策略的生动实践。

在频道共建的基础上，韶关记者站加强与通讯员的有效沟通，发掘新闻亮点，提高稿件质量。目前，一支覆盖面广、多产高效的优质通讯员队伍已经建立。韶关十个市、区（县）的日常新闻在记者和各单位、区(县)通讯员的努力下,维持内容的稳定产出。

韶关站探索“众筹”共建频道新路径，持续不断地在行业共建上结出硕果。医疗行业,韶关站牵头韶关数家头部医院共建“健康韶关”频道，在医疗行业领域中扎实深耕，并不断吸引新的主体主动加入。税务系统，由韶关市税务局统筹整合全市信息资源，依靠高素质的通讯员队伍和严谨的逐级审核把关机制，找准宣传节点，达到宣传效果和社会效果双丰收。法院系统，记者站同样统筹起市、区（县）的法院，共同搭建起韶关法院频道。

第三章
转型思维

媒体转型，究竟怎么转，是把报纸的稿件搬到手机上吗？当然不是。媒体的转型是将新闻生产力拓展到网络，是媒体人自身的转型，是思维方式的转型，是跑线记者向频道运营者的转型，是对频道传播力、影响力、爆款、流量负责。媒体的转型是通讯员的转型，从网下尽快向网上转型，向互联网主阵地汇集，做大做强网络平台。新型的通讯员，不仅提供信源、输出通稿，还要负责策划沟通、协调采访、评论发声、网络跟评、精准分发等工作，他们要成为意见领袖，他们不仅是作者，更是策划者、制作者、传播者。这一切，是转型，也是升级。

平台赋能：跑线记者向频道运营者转型

以南方⁺健康清远频道为例

“小而美”地深耕垂直细分领域，在近年成为新媒体攻城略地、做优做强的法宝之一，也是南方⁺客户端健康清远频道（下称“健康清远频道”）寻求“换车超车”、创造后发优势的一种尝试。2020年7月1日，健康清远频道正式上线，截至2021年5月，健康清远频道已发展到9家共建单位，形成了包括清远市人民医院在内的三甲医院引领多家医疗机构组成的媒体用户矩阵。南方日报在健康清远频道试行“频道责任制”，赋予了频道主编更大的自主权，有效调动了员工的积极性、主动性和创造性，有力助推了南方⁺共建频道深耕地方区域的探索。

角色转变迎来新挑战

健康清远频道的上线，对于记者而言，既是一项工作挑战，也是一次转型机遇。从跑线记者向频道运营者的角色转变，意味着记者借助健康清远频道这个平台，在实践媒体深度融合过程中逐步实现业务转型升级。

新闻采编是跑线记者的日常工作，而频道运营者的角色还承担着拓展用户、活动策划统筹和效果评估等工作。在做好日常新闻报道的同时，如何将医院的医疗资源、南方+的平台资源以及记者站的采编资源充分整合、盘活，是健康清远频道面临的挑战。

当前，短视频站上新风口，市场化平台尤其如火如荼。短视频产业的迅猛发展也为健康清远频道带来了新的启发。健康清远频道主动拥抱短视频的新风口，联合共建单位开设健康科普视频栏目“有问医答”，目前已经刊播近 40 期，成为清远健康领域的热门 IP。第三届中国医师节来临之际，健康清远频道联合清远市人民医院等单位推出纪录片、微电影、短视频“三部曲”，即《“疫地”情书》《看！中医师的乘风破浪之旅》《24 小时“升级打怪兽”，这群医生被称为“老总”》，其中《“疫地”情书》

健康报
HEALTH NEWS
国家卫生健康委认真落实援鄂医疗队撤回工作
中央应对新冠肺炎疫情工作领导小组会议指出——
打通堵点 积极有序推动复工复产
中央指导组：
尽最大努力救治每一位患者
境外进京人员管控更严格
广东清远实现“双零”的“硬核”战术

健康报
HEALTH NEWS
阿尔茨海默病新致病基因或被捕捉
健康扶贫的“子洲答卷”
H7论坛聚焦公立医院高质量发展
“作为医生，没有退路可言”

健康报
HEALTH NEWS
中国民法典诞生
十三届全国人大三次会议闭幕
蜀地防控 做实当下谋划长远
建议献血年龄上限调至65岁
实现“大病不出县”的清远模式

高质量新闻产品已成健康清远频道的核心竞争力，该频道采写的《实现“大病不出县”的清远模式》等 6 篇新闻稿件被《健康报》头版转载刊发获“广东医生战疫情”微电影大赛一等奖。

受制于疫情，医疗领域科普宣传活动无法在线下进行地面推广，只能以线上传播为主。健康清远频道先后发起清远市近视摘镜大型公益活动，通过制作 H5 报名小游戏、街坊小视频、手术直播等方式，吸引了 2800 多人次报名参与。推出“医体融合　预防卒中”系列宣传活动，打出全媒体组合拳，制作海报、MG 动画等近 10 个新闻产品。国庆、中秋“双节”，记者蹲点脑卒中绿色通道，推出的纪录片《记者蹲点跟拍 72 小时，直击“大脑卫士”的战斗瞬间》，在第四届全国卫生健康品牌传播年会上被评为“寻找卫生健康行业宣传创新案例”。两场活动受众群体从“现场观众”转向“线上用户”，传播内容也实现从“单向输出”到“双向互动”的跨越。

上述新闻产品和营销活动不仅要求记者具备新闻敏感和采写、制作能力，还要求掌握文案撰写、活动策划和运营等多方面技能。作为媒体主力军的记者，要实现从传统新闻采写者到全媒型记者的转变，只有真正做到业务角色快速切换、“跨界”作战无缝对接，才能适应媒体融合发展的大势。

产量、质量和流量“三提升”

用户对南方⁺地方频道的认知和接受并非在短时间内形成，权威信息发布、高质量新闻作品等都是媒体扩大影响力的“干货”。

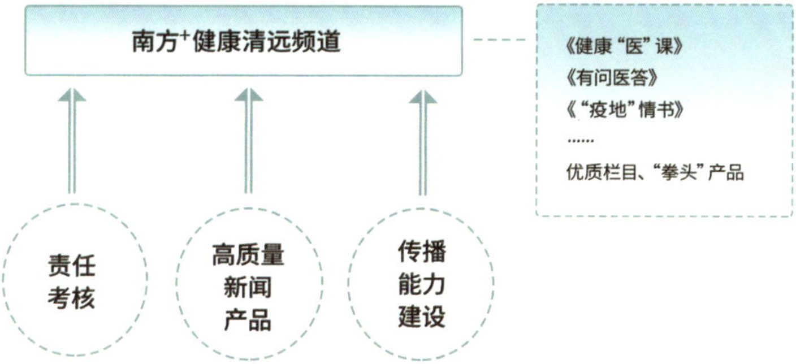

健康清远频道的"枝繁叶茂"离不开合理的底层架构

不管传播方式、舆论生态发生多大变化，优质内容生产始终是媒体生存发展的根本。以内容优势赢得发展优势，只有做好内容建设，地方频道才能够去谈提升传播力、引导力、影响力、公信力。

高质量新闻产品已成为健康清远频道的核心竞争力，只有新闻产品足够"硬核"并保持源源不断地输出，才能不断强化媒体与用户的关系，实现宣传效果的最大化和最优化。健康清远频道新闻产品的策划和生产，紧紧围绕地方党委和政府的中心工作，以稿件《"大病不出县"的连山方法论》为例，记者连续 6 年跟踪报道清远医联体建设，择时推出报道，解码广东少数民族地区如何告别"有钱去广州，没钱去贺州"的尴尬就医格局，引起地方党委、政府的重视。近 7 年来，清远市人民医院"硬核新闻"3 次登上《南方日报》头版，从全省卫生健康领域来看，这样的案例也不多。《"大病不出县"的连山方法论》稿件得到清远市政

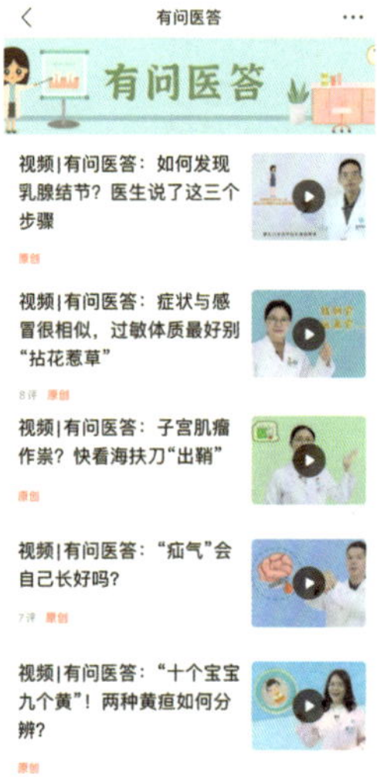

健康清远频道主动拥抱短视频的新风口，开设健康科普视频栏目《有问医答》，目前已经刊播近40期，成为清远健康领域的热门IP

府主要领导的批示；《十年蹚出“健康扶贫路”》《线上探视志愿服务：让老年人在数字时代不掉队》等6篇稿件被《健康报》头版转载刊发。

行得稳、走得好，关键在于注重传播能力建设。新闻质量提升为频道发展打下坚实基础。从用户角度出发生产新闻，是加强传播能力建设行之有效的方法。健康清远频道吸引广大用户参与信息生产传播，在民生新闻的策划和报道上找到切入点。用户全程参与到线索挖掘、新闻生产、信息传播和评论反馈等流程。《5个全免名额！清远市近视摘镜大型公益活动启动》《清远5人确诊“横纹肌溶解症”，自称在同一餐馆吃过小龙虾》等民生新闻稿件的报料人均为医护人员，记者获取线索后第一时间刊发报道，上述稿件均进入当天南方⁺客户端全端流量前十。

用户既是信息的接收者，也是对传播信息好坏的检验者和评判者。当前，对于媒体业的用户来说，最基本的需求

健康清远频道重点开设了直播栏目《健康“医”课》，邀请医学大咖在南方+新闻客户端直播授课，科普健康知识，答疑解惑，这是清远医疗领域“第一个吃螃蟹者”

就是互动，健康清远频道加强与受众互动，注重频道品牌的“靶向”营销，强化媒体与用户的连接，构建群众离不开的渠道。健康清远频道的品牌塑造和营销，也瞄准了医务人员等重点人群。

2020 年 12 月，清远市人民医院开展健康科普大赛，邀请健康清远频道记者担任终审评委，并且在颁奖典礼上发言。记者向在场医务人员重点推荐介绍健康清远频道运营情况。此外，医院各个出入口都摆上了推广海报，实现了频道品牌的一次精准营销，进一步扩大了健康清远频道的知名度和影响力。今年，健康清远频道联合共建单位打造党建品牌项目——医路有爱大讲堂和党史学习教育大讲堂。通过上述一系列活动，用户与媒体平台的黏性进一步增强。

此外，健康清远频道重点开设了直播栏目《健康“医”课》，邀请医学大咖在南方⁺新闻客户端直播授课，科普健康知识，答疑解惑，这是清远医疗领域“第一个吃螃蟹者”。

从健康清远频道一年来的实践可以看到，创新内容表现形式、提升内容传播效果是发展的主线，频道致力于提供更加多元化又独具特色的新闻产品，不断提高新闻产品的质量和水平。其间，传播者就是服务者，应与用户建立深度连接，加强用户黏性。对用户而言，健康清远频道不仅是新闻资讯提供者，也是医患沟通的重要途径和形象宣传的主要渠道。接下来，频道还将上线服务功能，探索“新闻＋服务”，例如设置预约挂号、医疗服务项目查询、咨询栏、医院满意度等板块，进一步增强共建单位、医患群体与健康清远频道三者之间的黏性。

责任考核激发团队活力

无规矩不成方圆。健康频道要逐步做大做强，背后需要强有力的制度做支撑。根据南方日报地方新闻部工作部署，健康清远频道试行“频道责任制”。频道主编对该频道的内容生产、新闻策划、活动统筹进行精细化管理，每月根据频道稿件的流量、质量、数量、采编难度等方面进行考评，鼓励跑线记者写出高流量、高质量的稿件，生产优质新闻拳头产品。

垂直频道往往会拓展多个单位，以“众筹”的方式推进频道建设，使得频道走向平台化运作，扩容提质，辐射带动其他频道。频道主编可总揽频道全局，协调各方，有权决定与谁共建，对于不宜纳入合作共建的单位，主编有权予以拒绝；对于可以共建合作的单位，主编确定名单后，再提交清远新闻部进行讨论。

稿件采写难度大不大、各成员工作强度如何、稿件社会影响力怎么样……频道主编参与新闻产品生产全过程，及时协调解决新闻生产过程中遇到的难点和痛点，对于团队的努力付出也了如指掌。以稿件《拳头只有成人指甲大小，清远袖珍婴儿刚出生仅700克》为例，记者获取新闻线索后，突破采访难关率先刊发独家报道，多家媒体随即跟进采访，这类具备“稀缺性”的新闻报道能够进一步提升平台影响力和知名度。

目前，健康清远频道试行专门的绩效考评制度。通过提高稿分激发记者生产出优质新闻稿件，从而提高新闻质量；优质的新闻产品反过来又有助于开拓共建单位，形成良性循环。

高质量推动媒体深度融合发展是当前主流媒体面临的一项紧迫课题，要适应时代发展、更好发挥引领和服务作用，就必须解答好这个课题。结合健康清远频道的实践和探索，笔者对媒体融合有三个层面的理解：第一，报社内部的融合，健康清远频道工作任务繁重，运营频道的专职记者仅有一人，开展较为复杂的工作，须调动其他同事成立虚拟团队，各司其职，协同完成；第二，健康频道与共建单位的融合，通过相互整合资源，提升效能，可实现“1＋1＞2”和“双赢”的效果；第三，记者团队与通讯员队伍的融合，应是发挥各自优势、联合作战，共同进行新闻生产，而不是各自为战。

“频道责任制”的设立，推动了共建频道管理走向规范化，让平台运营有规可依、有章可循，同时激发了记者干事创业的积极性，提升了他们的工作能力。

新型通讯员队伍助力平台化建设

南方$^{+}$清远频道"内容+分发"初探

在探索新时期平台化服务型传播人才队伍建设中，组建一支"新型通讯员"队伍是新型主流媒体具有强大影响力、竞争力和传播力的重要力量补充，是以互联网思维优化资源配置，让分散在网下的力量尽快进军网上、深入网上，向互联网主阵地汇集，做大做强网络平台的重要举措。

"新型通讯员"将要完成信源提供、通稿输出、策划沟通、协调采访、评论发声、网络跟评、精准分发等角色任务，全面参与地方频道的平台建设，在议程设置上为地方政府掌握舆论话语权提供更多的支持。"新型通讯员"队伍的核心人群是各行业、各细分领域的意见领袖，包括各级党政干部，教师、医生等专业技术人员，以及网红、大V等。组建并维护好这支新队伍是新型主流媒体把平台做强的重要环节，是融入基层的练兵主战场，能够全面锻炼记者平台运营的统筹能力。

南方$^{+}$北江网评频道就是一个成功的例子。2008年《南方日报·清远观察》开设了《北江评论》栏目，十三年来已成为清远

2021 年 4 月 13 日，南方⁺北江网评频道上线

品牌评论栏目。在此基础上，2021 年 4 月 13 日南方⁺北江网评频道正式上线，6 月 2 日召开频道特约评论员座谈会并聘任首批特约评论员。这批特约评论员既有高校教授、主流媒体评论员，也有深耕清远、熟悉清远的本土学者，他们将以视频短评、文字评论、演播室访谈等形式不定期开展网络评论，在重大事件或新闻报道上积极发声。

在《南方日报·清远观察》北江评论基础上打造南方⁺北江网评频道，不是简单地把内容集纳到网上，而是把内容发布的结束当成运营工作的开始。从“内容为王”到“内容+分发”为王，好的内容要传播出去才能实现其价值。这背后有一套新媒体运营的战法，主要包括三个层面。

做强内容，彰显主流声音

第一是发声层面。优质内容是能够在舆论场中彰显主流声音的强大力

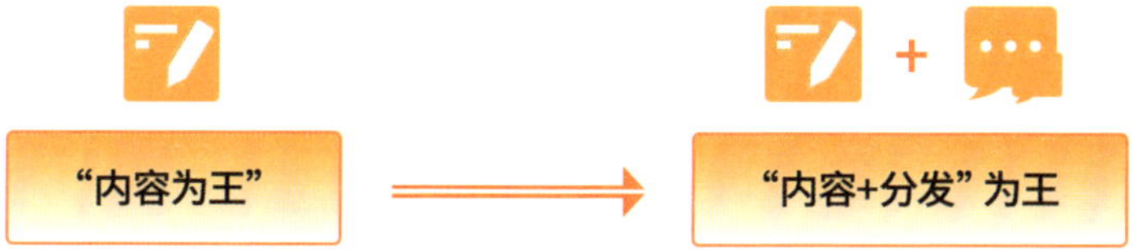

优质内容依赖传播实现价值

量。当前，随着传播方式的深刻变化、新闻产品形态的多样化，传统的通讯员队伍已适应不了平台化建设的需要，新型主流媒体呼唤具有多角色的“新型通讯员”队伍助力平台建设，彰显主流声音。

“新型通讯员”不仅仅是文图内容的提供者，还是视频、直播、H5、歌曲等产品的策划者、制作者、传播者。如南方+健康清远频道《有问医答》《健康“医”课》等视频或直播栏目，“新型通讯员”需要帮助协调内容制作、分发的各个方面。

又如，南方+北江网评频道的定位就是一个对清远“大政小事”进行评论解读的专业平台，从舆论上为当地发展建言献策、营造氛围，并且不定期通过短视频评论、投票等方式对社会热点进行关注。在策划选题的过程中，清远市网信办通讯员与我们充分沟通、紧密联系，共同做强内容。

北江网评频道开设以来，聚焦中心大局积极发声，围绕清远如何打造优质营商环境加快融入大湾区，刊发了《用一流营商环境护航高质量项目建设》《以“刀刃向内”的勇气持续优化营商环境》等系列评论，以时评的方式营造了营商环境讨论的氛围，被国家税务总局广东省税务局官网以及各级媒体转发，得到当地党政领导的肯定。

网评本土化是做大做强自身的重要抓手，是做个性化网评的重要利器。就读者阅读稿件的心理而言，地域上的接近性、贴近性关系着读者的阅读兴趣。所以，北江网评频道对频道选题的定位是“本土就是主流”，所选题材均聚焦本土，汇聚了一批忠实的本地读者。刊发的《疫情冲击下的成绩单尤显珍贵》《乡村振兴亟需唤回更多“村里的人”》等，均在当地读者群引起较大反响。不少读者包括党政干部都进行了转发，并且与北江网评频道充分沟通，共同策划选题，这些读者从某种程度上也成了我们的“新型通讯员”。

在“新型通讯员”的帮助下，南方⁺北江网评频道还聚焦当地民生问题勇于发声。比如刊发了《治堵莫“添堵”》《“玻璃游乐热”背后的冷思考》《把项目“卡脖子”问题当成改革着力点》等稿件，以时评的力量推动当地发展。“新型通讯员”对做强内容起了很大的促进作用。

引向焦点，强化二次传播

第二是跟评层面。通过创新管理模式，制度化高效共管地市现有各领域通讯员队伍。针对南方⁺与当地政府共同打造的重点报道进行跟帖评论，强化二次传播，把新闻引向焦点。

2021 年 8 月，南方⁺清远频道与清远市双拥办、清远市退役军人事务局联合开展投票活动。发布《投票速转 | 这就是清远“最美兵支书”的样子，你 pick 哪位？》《爱情最美的模样，清远“最美军嫂”的故事，感动你了吗？》《清远因他们而更温暖，快来认识这些“最美拥军人物”》三篇稿件，相关内容被中央、省、市各级平台大量转载。同时，通过发动清远市退役军人事务局的通讯员队伍，吸引了大量评论。截至投票结束，稿件浏览总量达到 118.29 万，众多网友在这次活动中实名注册了南方⁺客户端账号并发表评论和投票，实名评论达 9100 条，不少评论也被网友点赞，点赞数最多达数百个。

再如 2021 年教师节，南方⁺清远频道将广东表彰的 61 名清远优秀教师和 2021 年清远市教育战线先进个人进行分类，根据名单制作成 8 个投票帖子并将相关内容编辑成稿。稿件刊发后分享到市各教育局工作群、学校家长群、教师群、南方⁺读者群并在朋友圈推送，跟评热烈，很多读者通过评论为教育工作者加油鼓劲。在短短的 2 天时间内该系列报道被刷遍清远市民朋友圈，稿件浏览量达 60 万＋、投票数 10 万＋、评论数 4655 条。

在对重点报道进行跟帖评论的同时，南方⁺北江网评频道着力建设特约评论员队伍，作为“新型通讯员”队伍的新力量。这支特约评论员队伍有别于普通的网评员，他们坚持“原创为王”，发挥其在各领域所长，积极撰写针对性强的时评文章，助力打造引导宣传舆论的风向标、传递正能量，成为清远城市发展“智库”。

比如华南城市研究会会长、暨南大学教授胡刚发表《城市竞争关键看年轻人来不来》，清远社科联二级巡视员刘国华发表《基层党员渴望听到优质党课》《“岁月静好”的背后》，广东省社科院清远分院原副院长邹锡恒发表《多管齐下缓解城市停车难》等稿件，在各领域均引起较大反响。

为形成常态化机制，南方+北江网评频道还不定期组织特约评论员座谈，针对热点新闻事件，相互交流选题、写作心得，确保重要网评的准确性和实效度。

开拓圈层，直抵核心用户

第三是分发层面。根据地方频道的不同分类，开拓不同的朋友圈层，组建各自的分发队伍，例如“基层党建圈”“乡村振兴圈”，在不同圈层内指导向外分发，新闻报道直抵核心用户，同时在外围收获更多阅读量。

2022 年 3 月，清远市直机关工委在全市组建了百名机关党建通讯员矩阵，旨在打造机关党建宣传新模式、新阵地、新平台、新队伍。为旗帜鲜明地发声奏响机关党建强音，南方+清远频道与清远市直机关工委积极对接，加入到机关党建通讯员沟通群，以便随时了解各地机关党建宣传亮点、热点，更好地实现精准分发。比如由清远市机关党建通讯员提供机关党员支援核酸检测工作的新闻线索之后，南方日报、南方+记者跟进补充采访，在《南方

圈层运营助力从“内容为王”到“内容 + 分发”为王

日报》、南方⁺清远频道刊登《清远 2220 名市直机关党员支援核酸检测工作》稿件，稿件被“学习强国”平台、广东省政府网站等广泛采用。

清远是农业大市，2018 年，清远在全国首创乡村新闻官制度，旨在打通基层宣传最后一公里，展现乡村风貌，传思想、传文明、传文化，助农民致富。目前，清远全市乡村新闻官共 310 名，覆盖全市 85 个镇（街）。乡村新闻官长期活跃在乡村，有助于解决传播分发的“最后一公里”问题。南方⁺清远频道与清远市乡村新闻官指导服务中心积极对接，及时了解乡村宣传、关注的热点，不少关于乡村振兴题材的稿件被乡村新闻官积极转发。清远市乡村新闻官刘逢明说，党报、党端的报道权威，通过新媒体平台的分发，有助于自己平时跟乡亲们分享、传达。

此外，南方⁺清远频道还通过南方日报清远新闻部组建由各县（市、区）及相关宣传部门的通讯员组成的圈层分发队伍，对热点话题进行重点推送，进一步提高平台日活量。从南方+清远频道的高流量稿件来看，一方面要找准核心用户的关注点、共鸣点、兴趣点，这样容易与用户实现共情、产生共鸣、发生共振；另一方面又要让有影响力的人群进行分发，在精准分发的同时收获高流量、热评，直抵核心用户，从而不断提升传播力、影响力。

案例

“主编责任制”与垂直频道平台化建设

南方+汕头医疗频道多方共建实践及思考

2019年1月，南方+汕头医疗频道（下称“汕头医疗频道”）携手5家医疗机构正式上线，以“多方共建”的思路凝聚多方力量，打造区域垂直领域的移动端主流舆论阵地。南方日报汕头新闻部以该频道为试点，实行频道主编责任制。

经过一年时间的内容生产力、舆论引导力建设，频道共建医疗机构发展到10家，覆盖两家“高水平登峰医院”、多家公立医院及医联体。在2020年新冠肺炎疫情战“疫”报道中，汕头医疗频道创下单条稿件全网1.47亿阅读量的佳绩。在共建实践中，主编责任制不仅提高了记者的积极性，同时也为记者融合转型找到了空间和舞台。

统筹频道，目标职责化

在互联网环境下，新闻“受众”概念逐渐被“用户”概念替代，用户的浏览量、转载量、活跃度等成为评价新闻产品的重要指标。

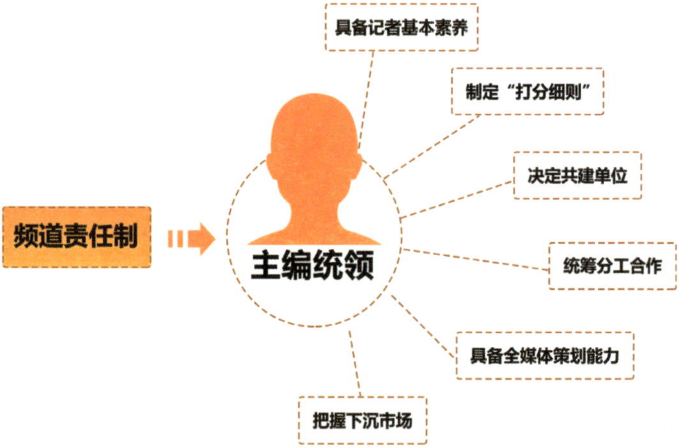

主编须完成从跑线记者到频道运营者的角色转变

主流媒体做新媒体，要把原来的新闻生产力拓展到移动端，形成报、网、端一体化发展，从媒体转型到媒体人转型，真正把记者的积极性调动起来，主动适应新环境、新要求，而不是被动变“在纸上发稿”为“在手机移动端发稿”。

频道主编责任制的实行，让记者直面“风暴中心”新兴媒体带来的冲击，以及技术升级、平台拓展和内容创新等难题，寻找应对之策，对频道的传播力、影响力、服务力、爆款和流量负责，在内容的不可替代性、服务的不可或缺性上持续下功夫。

媒体融合转型，既是挑战，也是这个时代赋予青年记者的重大机遇。在实践过程中，前有中央的政策和集团的发展规划明灯指路，后有团队协同作战有力支撑，记者“背靠大树”在小范围内完成个人的"创新创业"，一路上收获成功或失败、困惑和磨炼、能力与激情、研判和总结，在不断调整策略中完成自我突破，再回首时，发现自己已不仅仅是个"内容人才"了。这是时代之幸。

"1 + N"，共建多元化

2019 年 1 月，南方⁺汕头医疗频道上线并试点实行频道主编责任制后，"频道"作为一个虚拟空间，除了遵循固有的新闻规则、行业规则，不再设限，交由频道主编决定"共建什么"和"与谁共建"。

如果说在频道创立之初，"共建"更在于对方的选择，那么

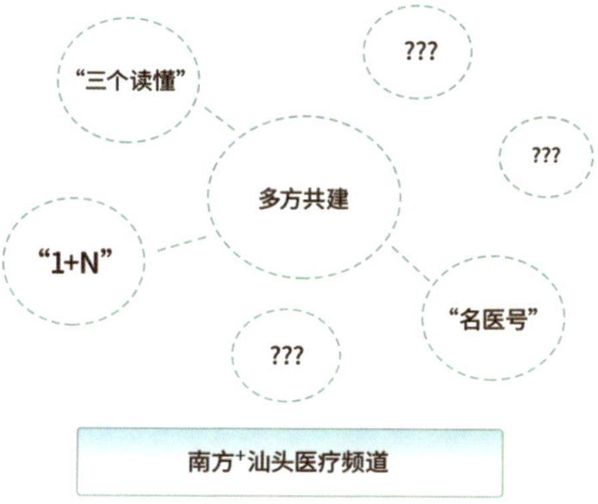

坐拥新媒体功能矩阵，南方⁺汕头医疗频道未来大有可期

后来随着频道主编对行业的不断深入思考、探究，话语权逐步提升后，“共建”规则便越来越明晰。

一直以来，汕头市努力打造粤东区域医疗高地，有关文件中出现的“构筑粤东医疗卫生高地”表述，可追溯到2013年，甚至更早。2019年11月，汕头市政府办公室印发《汕头市支持创建区域医疗中心实施方案》，拿出“真金白银”打造高水平医院集群。围绕该项工作，在广东省委、汕头市委相关政策部署的基础上，汕头医疗频道对“医疗高地”的“高”字进行精简描述，确立了“建高地、强基层、树标杆”目标，按照全面覆盖高水平登峰医院、汕头大学医学院附属系专科医院、优质基层医联体单位，以及一个“卫生强区”的融媒体合作共建思路，实现频道内部“1＋N”多元化共建目标，构筑粤东医疗卫生新闻宣传高地。

开“名医号”，增强传播力

汕头医疗频道是南方+新闻客户端首个地方医疗垂直领域频道，自上线以来，坚守舆论阵地，深耕行业，着力构建和谐医患关系，立足本地，挖掘卫生健康领域亮点，弘扬“大医精诚，医者仁心”精神。

为打造自主可控、传播力强的平台，汕头医疗频道将触角延伸出去，在共建单位内，结合其学科发展重点，选取医德高尚、医技精湛、在业内具有影响力的专家，以其个人名义在南方+平台上开设个人号，利用名专家的“朋友圈”为汕头医疗频道创办初期的影响力和传播力建设破局。

随后，南方+汕头医疗频道推出《院长访谈》《寻访最美医生》《急诊ICU故事》《医者仁心》栏目，多个角度展现主流媒体在政治高度、思想深度、理论厚度、人文温度和文字精度上的优势。

随着医学的不断发展进步，睡眠医学、运动医学、焦虑门诊等新兴事物进入人们的生活，汕头医疗频道开设《小编体验派》栏目，以实地走访体验的表现形式，在可视化和趣味性上下功夫，差异化、多维度推动本地医疗事业的发展，助力汕头打造粤东区域医疗高地。

与此同时，汕头医疗频道的采编团队与共建对象深入合作，邀请其官方号进驻南方号，开放生产，形成优质内容共同生产的底层支撑，构建“粤东医疗高地”全媒体宣传矩阵，提升频道的辐射力。并运用直播、短视频、海报、H5、“一图读懂”等丰富、立体的融媒体形式，打造一系列融媒体产品，以《南方日报·汕头观察》、南方+汕头医疗频道为主平台，实现医疗机构新闻立体发布。

在纸与网两大传播介质并存共生时期，汕头医疗频道牢牢把握频道创立之初的时间窗口，不断提质增效，抢夺服务对象和用户的注意力资源，使之成为汕头最权威、最具公信力的医疗卫生资讯发布平台。

“三个读懂”，提升服务力

媒体融合发展的落脚点是提升服务能力。互联网思维要求主流媒体改变传统的理念和行为方式，强化用户、技术、互动意识，重构媒体与用户之间的关系，通过不断优化服务内容和方式来扩大用户规模、增强用户黏性。

2019 年 12 月，汕头医疗频道多方共建医疗机构由 5 家增加到 10 家。在市场竞争激烈、变化迅速的时代，如果产品不具备对方所需要的价值，就无法达成共建目标。汕头医疗频道多方共建的队伍得以不断壮大，其重要原因之一在于频道做到了“三个读懂”：读懂需求，提供精准服务；读懂政策，立足共建，高于共建；读懂产品，为生产新媒体创意产品作出承诺，并以高标准兑现它。

2020 年 1 月 23 日武汉“封城”，一时间各种讯息从四面八方铺天盖地袭来，1 月 24 日汕头市确诊首例新冠肺炎患者，新冠肺炎防控战“疫”正式打响。除了每天滚动更新疫情相关动态，在汕头被确定为“低风险地区”前的将近两个月时间里，汕头医疗频道紧跟热点发布了 120 余条重点原创稿件，其中包括 6 条“一图读懂”、1 条“视频数读”、1 场直播、2 条现场直击滚动帖以及 12 篇关注汕头驰援湖北医护人员动态的“医线日记”。

在舆论场上，各路主流媒体使出十八般武艺，趁机攻城略地。汕头医疗频道因其抢发速度快、角度多元、形式多样，信息把握稳、准，依托业已形成的分发途径传播主流价值观，牢牢占据本地医疗卫生领域的新闻传播高地，创下单条稿件在客户端内最高81万余的首发浏览量，并在之后的5天里，加上其他渠道的分发、转载，带动了1.47亿的全网流量。

打破管道，构建新价值

传统媒体在转型的路上“前有猛虎，后有追兵”，“不日新者必日退”。在全民“带货”的时代，汕头医疗频道如果仅仅作为一个“播出”平台，其局限性非常明显，必将面临“管道化”的风险。如何在优质内容、频道影响力和共建队伍三者之间业已形成的积极网络效应中，通过服务用户和共建方，形成多方市场，创造更多的可能性和价值，成为摆在频道主编面前的新课题。

经过一段时间的发展、筛选、沉淀，汕头医疗频道完成基本的横向扩张，在共建成员的数量上已具备一定规模。但是，“互联网+”给媒体融合带来的可能性远不止于此，依托南方日报的社会资源整合能力、品牌影响力，汕头医疗频道完全有条件打破封闭的管道模式，发散思维，创新产品业态，成为连接医生、医院、用户、产品和市场的平台。

汕头医疗频道在积累了大量的医生、医疗机构和用户资源后，将在“使用功能”上扩容，纵向连接医疗产品和厂家，构建价值矩阵，让每一位打开汕头医疗频道的用户找到更多阅读之外的可能。

这是一个压力非常大的时代，这种压力不仅来自外部，也源自内心，在互联网战场，每一位不愿服输的年轻人大抵都乐于不断突破自我宿命，实现交互式成长。

案例

地方新闻部“特稿训练营”

媒体竞争关键是人才竞争，媒体核心优势是人才优势。在媒体融合向纵深发展的形势下，地方新闻部落实南方日报粤东、粤西、粤北战略发展要求，创新机制，开展地方“特稿训练营”项目，以特稿的策划和写作为核心，面向记者站业务骨干和新入职员工展开轮岗交流、培训工作，通过探索构建高效率的新闻采编人才培训方式，推动人才队伍的高标准培养以及内容产品的高品质生产，以此提升部门整体传播能力建设，进而为南方报业媒体融合发展挖掘、储备人才。

“一下一上”促交流。在面向记者站业务骨干层面，地方新闻部通过“一下一上”实现轮岗交流，一是将地方新闻部总部业务骨干莫凡派驻汕尾记者站，充实记者站策划、采写力量；二是同步将汕头分社业务骨干杨可抽调至总部，以优质内容生产为目标，提升记者站骨干记者的业务能力。莫凡驻站后，带头采写了《粤菜师傅“点蒜成金”助增收》，并将其作为部门重点策划“驻镇帮镇扶村在行动”的开篇稿件；杨可先后在《南方日报》头版、

《深读》版发表《十万生力军　湾区新力量》《一图解密万绿湖“水下家园”》等重点报道，同时为部门重点策划“乡村振兴青年说”写下了开篇稿件《让乡村孩子获得一样的优质教育》，获报社和地方高度肯定。

实训实战出实效。在面向新入职员工层面，地方新闻部从整体认知、内容生产、内容编辑三个维度，帮助他们在实训、实战中进一步开拓视野、锤炼技能。在部门领导的指导下，新入职员工通过分析广东省委书记李希对粤东、粤西、粤北5年的调研情况、精读广东省“十四五”规划等，对广东省委、省政府重点工作以及粤东、粤西、粤北的经济社会发展情况有了整体而清晰的认知，为做强党报舆论宣传主业奠定理论基础。同时结合各自兴趣，开展“广东城市画像”以及“爆款形成原因分析”等培训项目。在此基础上，推动他们在特稿写作中提升选题的发现能力、新闻的策划能力和文本的写作能力。作为“见习记者”，新入职员工在培训期间陆续完成了4篇《深读》版的代表作：

《藏在潮汕批局背后的地下交通线》（陈泽铭）

《政府全链条助农的有益探索》（邹祥亮）

《乡村电商：在变局中成长》（陈立楷、李雨蔚）

《近海贝类养殖，会不会成为下一个碳汇风口？》（吴利婷）

此外，校招生傅晓冰在精读广东省“十四五”规划的过程中重点关注并挖掘了南岭国家公园选题；崔洪铭经过培训，派驻云浮站后迅速进入状态，采写的《云浮市新一届市委领导班子亮相》

《这个城市的大件事@了青年人，干得真漂亮！》阅读量双双突破10万，在当日南方⁺全端前十榜中独占两元。

与此同时，地方新闻部还通过对接要闻部，安排新入职员工到要闻部跟班学习，参加南方⁺地方频道、《地方观察》和《视窗》版面的编辑工作，让他们了解并掌握了编辑工作流程和要点。经过培训，新入职员工已能够初步完成版面、频道稿件编辑。

据统计，“特稿训练营”（首期）参训员工在《南方日报》头版、《时局》版、《深读》版等发表13篇深度报道，其中获评B等以上好稿7篇、总编辑好稿5篇、南方日报年度通讯和深度报道奖1篇。培训成果获得用人记者站（分社）一致肯定和好评，为南方品牌深耕地方市场提供了强有力的人才支撑。

首批轮岗参训者说

杨可：

相较于总部记者，长期驻站工作的记者固然拥有了解基层情况的优势，但也容易囿于地域和视野局限，形成路径依赖。很幸运，在地方新闻部“特稿训练营”启动后，我成为首个从记者站调到总部轮岗交流的记者。半年特训，让我得以近距离聆听总部领导的指教，更深入体会、实践“跳出地方看地方”，跨区域作战能力大大提升。

跨区域作战，必须掌握新知识、熟悉新领域。采写选题“光伏板下的绿色乡村”时，面对陌生领域，我快速学习、掌握相关知识；赴梅州、河源和阳江等地采访时，我快速融入当地环境，获得不少一手信息和鲜活案例。这些经历，让我的“脚力”更有劲、“眼力”更广阔。

跨区域作战，还应突破旧思维，打开新视野。操作聚焦省职教城的选题“十万湾区生力军”时，我在广泛采访、积累素材的基础上，努力从更为宏观的层面理解、挖掘广东建设省职教城的深远意义，稿件由此有了高度和深度。这些思考，让我的“脑力”更活跃、“笔力”更扎实。

半年来，我先后在《南方日报》头版、《深读》版发表《十万生力军　湾区新力量》《一图解密万绿湖“水下家园”》等重点报道，并深度参与地方部重点策划“乡村振兴青年说”“驻镇帮镇扶村在行动”等，收获满满。

结束特训后，我即从汕头记者站调往潮州记者站担任记者，兼顾《潮州观察》统筹工作。从特训中习得的跨区域作战能力，帮助我迅速认识、融入这座新城市，首月就参与策划、统筹了两期跨版报道《归潮——一场潮州与潮侨潮商的双向奔赴》《城变——传承内在美与破解脏乱差“两位一体”的潮州行动》，并分别撰写了两篇评论，努力跳出潮州，从更高的立意和格局来解读当地重点工作，提升报道的传播力，获得当地领导的肯定和认可。

莫凡：

没有优质的内容，就没有真正的影响力。在汕尾驻站轮岗期间，我牢记内容生产是安身立命之本，强化政务报道。我们每月推出深度观察类稿件，将深度稿件的触角伸向县（区），加大区域报道的力度，提升对县（区）的内容服务能力。例如，我们在陆丰县大安镇帮扶工作队采访乡村振兴的粤菜师傅案例，该报道见报后得到领导好评。另外，立足汕尾实际，重点关注农业领域和乡村振兴领域，和企业主交朋友，在欠发达地区深入一线，挖掘新鲜热辣的经济新闻，让南方⁺汕尾频道的内容更丰富，品相更“悦读”。以乡村振兴景观示范带 pk 擂台赛活动为例，首场擂台赛五位带长为自己所代表的示范带进行拉票，角逐最高 2 亿元的乡村振兴项目建设资金。据数据显示：直播观看量约 40 万，相关新闻报道页面阅读量超过 87 万，投票人数超过 500 万人。不仅如此，本场活动还带动了超 10 万人下载南方⁺ App，达到了很好的引流效果。

值得一提的是，南方日报汕尾记者站以广东省委书记李希调研汕尾一周年为节点，围绕李希书记要求汕尾坚持高质量发展、奋力建设沿海经济带靓丽明珠的目标，于 2021 年 12 月 20 日首次推出了《靓丽明珠　汕尾答卷——汕尾高质量发展一线报告》特刊。我们坚持优质内容引领，在短短半个月时间内，成功推出 9 个专题。专题内容除了纸质版特刊展现外，还同步到南方⁺汕尾频道和南方网汕尾频道，实现了一次生产，多次呈现与传播。

“路漫漫其修远兮，吾将上下而求索。”在媒体融合转型的当下，只有不断增强“四力”，掌握“看家本领”，才能练出好把式、真功夫，做有力量的“宣传战士”。

苏晨：

此次为期五个月的总部培训，对我来说是一段特别的经历——能够沉浸式地投入深度报道写作。在报社和部门领导的指导下，我完成的稿件包括省职教城报道1篇，“乡村振兴青年说”4篇，以及“让乡村成为城里人的向往”系列报道、“连山连水连长江”全媒体策划报道。

培训中的收获主要有两点：一是反复磨练，夯实文字功底；二是打开视野，完善稿件谋篇。比如，《湾区产业生力军的“摇篮”》前后三次修改，虽然过程不易，但让我提升了精品意识，并意识到好的新闻报道应该“上接天线，下接地气”，在提高政治站位和社会责任意识的同时，保持生动鲜活的文字风格。通过采写“乡村振兴青年说”系列报道，我感受到人物稿的价值不在于描述人物的业绩，而是要写出其性格，塑造丰满的人物形象。总之，经过数次锻炼，从选题、构思、破题、谋篇、润色到成文，我对深度报道写作更有底气了。

傅晓冰：

培训过程中，我们有着充裕的时间去了解粤东、粤西、粤北整体脉络，在“接天线”的过程中寻找“接地气”的选题，锤炼自己的能力。针对库区乡镇工作队的选题，尽管没有最终刊发报道，但在不断的修改和反思中，我常怀对新闻报道的敬畏感。一个报道实在来之不易，在做这个选题时，从选题的切口、对整个背景知识的了解、立场的平衡到生动的现场感，导师们层层引导思路，在理论和实践的结合中教会我如何去做一篇报道。比如让我把视野放大，从一开始针对工作队群体，扩大到采访镇政府部门了解相关情况、调查不同类型民宿的状况，在一步步的深入采访中了解当地的发展，同时也教会了我做记者要有强大的心理素质和应变能力。

在湛江的日子里，我又开启另外一种模式，是真正的实战。从选题谋划、执行到成稿需要在短时间内完成，此前在协助同事采写雷州疫情时，当天采访志愿者、村民和网格员等，差不多当天就要组稿。如今湛江疫情处于快速增长阶段，对新闻媒体也是一场大考。我现在基本处于严阵以待的状态，与时间赛跑，传播权威的疫情信息，未来要挖掘有温度的故事激发共情感。

邹祥亮：

在地方新闻部总部接受培训期间，我在采写、版面编辑两个岗位上各轮岗学习了一段时间。其中，在地方新闻部领导的支持帮助下，策划采写了《茂名卖出“全球果”背后：政府全链条助农的有益探索》，并在《深读》版刊出。这次难得的基层采访，让我对记者站的工作状态有了初步了解，下站后能更好地过渡。同时，采访中积累的人脉关系，对当前乃至今后开展工作依然起到正向作用。

真正到下记者站开展工作后，我意识到在版面编辑岗位上的学习，是收获最大，也是最有必要的。前段时间记者站做了人员工作调整，我开始负责协助《电白视窗》做稿件统筹，培训期间学到的版面编辑知识立即派上用场。在稿件处理上，小到一个版面需要多少字、几张图，文章有哪些易错点需要注意，大到一个版面需要什么样的稿件、如何编排，都是当编辑时学习过的，对驻站记者的工作来说，这无疑起到一个启发作用。简单来说，就是记者能够以编辑的视角去完成一篇稿件、统筹好一个版面。只要记者站还有《视窗》《观察》的阵地，作为一个驻站记者都需要学习、了解编辑工作流程，即使是仅跟要闻部编辑值几周的晚班，也是有很大帮助的。

陈立楷：

培训从8月开始，一直到11月中旬结束，当时7人分成3组，分别跟选题策划及采写、报纸编辑和新媒体编辑。由于工作性质不同，比起其他同事挖选题、跑新闻、出成果，跟编辑时的学习状态不紧不慢，似乎跟义务教育阶段并无二致，就是到点上课，到点下课，但这部分培训确实十分宝贵！至少对我而言，极大地填补了采写基本功的空白。遗憾的是，由于时间仓促，跑新闻的机会并不多，如果再做选择，我更希望能趁机多做些采写。

对一名省委机关报驻站记者而言，相比于这些“主线”的基本功培训，“支线”中所布置任务的影响或许更为深远和重要，包括广东省委书记李希调研路线图、广东“十四五”规划精读、“广东城市画像”等，这些任务层次清晰，可以帮助熟悉广东全貌、把握大局。

下记者站后，随着工作经验的积累，我渐渐意识到，相比采写基本功，一名省委机关报驻站记者更需要眼界与格局，懂得跳出所在城市的局限，站在全省的高度看待、分析新闻事件，这才是驻站记者的意义所在。

陈泽铭：

在总部的培训中，我们学习了新闻采写、排版编辑、新媒体策划等内容，熟悉了采编流程，加深了对省委机关报的认同感。培训时间不长，但却受益匪浅，影响深远。对我个人而言，主要有三方面感触。

政治意识最重要。作为党媒记者，在引导舆论的过程中，要坚持正确政治方向，围绕中心，服务大局。我们必须紧跟主要领导的施政方向，发挥喉舌作用，起到动员群众、组织群众、宣传群众的作用。在梅州，发展实体经济是新领导班子确定的核心工作。作为地方站记者，我们多次策划相关报道，为其营造良好的舆论氛围，得到当地政府领导的肯定。

新闻点是关键。新闻价值是选择和衡量新闻事实的客观标准，是每一位记者心中的一把尺子。作为地方站记者，我们要深耕当地，了解社会风土人情，从而写出有价值、有温度的报道。虽然梅州是政治边缘地带、经济贫困区域，但随着国家老区苏区振兴发展战略的推进，其前途是光明的。媒体要发挥见证者、亲历者、记录者的作用。此外，梅州客家文化源远流长，在文化自信的大背景下应当加大挖掘力度。

提升格局很重要。在总部的磨砺下，我们的格局得到培养塑造。作为省媒，最起码要站在全省的角度看问题。尽管地方站记者职责是服务当地、守土有责，但眼界、观念上必须有高度。只有这样才能区别于当地媒体。在记者站的工作中，我们既要立足梅州，又要跳出梅州看梅州。心中有丘壑，脚下有泥土。过程很难，我们正在不断学习中。

崔洪铭：

这是一个从理论界不断转向实践界的过程。在2021年7月的集体培训中，我见识了各线口的优秀前辈，之后到要闻和地方版作为编辑跟班，再到正式下站后，亲自跟进了市党代会、两会、防疫等相关报道，理论慢慢融入了实际，对新闻的认识也逐步加深。

在总部的培训上，各位前辈传授了非常丰富的编辑和采写经验，讲述了很多真实的一线见闻，让我们能在下站前就熟悉业务流程和操作规范，打开了我们的眼界。尤其是作为见习编辑期间，对选题、策划和写稿能力的锻炼让我下站之后非常受用，这种“编辑意识”让自己从另一个角度来看稿，知道稿子好在哪、不好在哪、如何去改，这些间接经验结合下站之后的直接经验，让自己得到了不少提高。

令我感受最深的方面，就是现代记者应该也必须是多面手。记者站上接天线，扎根地方，在这个注意力稀缺的时代要更全面地下沉，那么新媒体技术一定是记者必要的傍身技能，自己下站后也尝试做了一些短视频、海报、“一图读懂”，不过有的还稍显稚嫩，这些好玩、轻快的表达形式是以后要拓展的方向。

总的来说，自己要继续保持好奇和探索欲，一方面尝试更多样的文风，积极向着有深度的解读努力，另一方面了解掌握更多新媒体技术，成为真正意义上的全媒体记者。今后，希望借着云浮记者站开辟的新媒体栏目，训练自己对一条完整新闻产品线的运营能力，在小稿上写出特色，在重大选题上有所作为。

李雨蔚：

在曾经的毕业论文讨论会上，老师问我们谁将来想做一名记者，当时现场只有我毫不犹豫地举起了手，这个理想从提出到实现，兜兜转转已一年。

从进入南方日报开始到如今已10个月，最大的感悟就是切实体验到了记者这份职业的值得。对粤东、粤西、粤北十二市的整理，让我了解了地方发展的政策逻辑；为完成《乡村电商：变局中成长》的采访，我先后走访揭阳、普宁、汕头三地，在导师们的带领下学习如何作为一名记者去看待事物的发展、变化；作为见习编辑，我对于一条新闻从“出生”到走入读者视线的完整过程有了整体的观感。进入地方，看到了春日至喜笑颜开的老果农、看到了靠海吃海的小镇村民、看到了疫情下忙于拉货却被困高速的大巴司机、看到了终于拿到被拖欠工资的农民工……我想，我从学校的象牙塔里出来，我站立在广东省的一角，对这个社会有了一点了解。

经此十个月，通过导师们的教导和实地的感受，最大的感触就是，记者不是人云亦云。世间万事纷繁复杂，信息茧房层层包裹，在表象之下剥茧抽丝，独立去判断一件事的原委逻辑，作为社会的记录者、瞭望者，更多地去看、去思索、去探究更深层次的问题，才应是记者笔锋之所在。我想，这也许就是我们常常提到的“铁肩担道义，妙手著文章”。

吴利婷：

2022 年青年节，在地方新闻部轮岗的经历，引发了我对光明时评的一段话的强烈共鸣：“面对一个既定的社会格局，改变现状似乎困难重重，这是每一代年轻人所面临的相同的课题，只是悲观的人想消极‘躺平’，乐观的人会积极奋斗。我们要做的是，尽一切可能理解、体恤他们，尽一切可能为他们在未来社会中激发个人能动性创造条件，毕竟未来是属于当下年轻人的。”

很幸运在初入职场的时候，我就在培训中体会到了以上“理解”“体恤”“创造条件”的丰富含义，也因此坚定了未来属于我们的信心。

现在回头看第一篇南方+作品《又是一年中秋，我在他乡挺好的》已然觉得幼稚，第一篇见报作品《近海贝类养殖能否成为下一个碳汇风口？》更是历经波折才最终出炉。老师们创造的条件不仅是文通字顺上的帮助，更是让我坚定了立高远意义，敢啃硬骨头的决心，我认为这对于新人来说是最珍贵的。

第四章 定向引爆

引爆

流量时代的到来，对省委机关报的客户端提出了更高的要求，要足够下沉，吸引县一级、乡一级，甚至村一级的普通群众关注，才能将党和政府的声音传到最基层，更好地发挥“新闻 + 政务 + 服务”的作用，助力县、镇、村的中心工作。南方+选准热点事件，反映群众呼声，以动态性、多形式、强互动的方式，引爆流量，爆款频出，在下沉的区域收获读者和内容参与者。

找出“易爆”题材　满足用户需求

以南方+每日流量前十为样本

面对互联网技术变革带来的深刻挑战，加快媒体深度融合发展、建设新型主流媒体，是党报占领舆论制高点、提高传播力和影响力的必然选择。南方报业作为拥有多家媒体的党报集团，通过整合融通各种资源，在与互联网新媒体尤其是头部平台的激烈竞争中扬长避短、巩固扩大优势，逐渐探索出一条传统媒体与新兴媒体共融互通、此长彼长的深度融合之路。截至 2021 年 8 月，南方日报与各地级以上市共建南方+频道已达 400 多个。一直以来，地方频道深耕粤东、粤西、粤北，聚焦地方党委、政府中心工作，服务社会民生，推动南方+影响力不断向纵深领域延伸。

自 2018 年 3 月第一批地方频道上线以来，南方+每日流量前十的稿件中，地方频道的稿件占据了主角地位。地方频道整体流量、用户活跃度和黏性等样本分析价值突出。哪些类型的内容更有可能成为爆款？哪些类型的内容在频道上的平均传播表现更好？本文试图从题材角度切入分析，通过选取一定周期内地方频道进入南方+客户端每日流量前十（下称“前十榜单”）的稿件，量化考察地方频道高流量稿件的题材分布情况，希望借此为地方频道的内容生产总结经验，方便频道采编和运营人员更有针对性地调整传播内容，为提高地方频道传播力、影响力探路先行。

一、样本分析：最受地方频道用户欢迎的报道题材是什么？

笔者连续选取 2021 年 1—8 月所有进入前十榜单的 220 篇地方频道稿件，并对这 220 篇稿件从内容维度进行细分，得到时政、经济、社会 / 民生、教育、文化、体育、三农、交通、环保、公安、军事、疫情、医疗、南方号运营 14 种题材分类。可以看出，地方频道进入前十榜单的稿件题材是较为丰富的，而其中又呈现出一些较为突出的规律和特征。

1. 数量冠军：时政类题材最易进入全端前十

从数量上看，地方频道进入前十榜单的稿件集中在“时政”和“疫情”两种题材，其中“时政”类 54 篇，“疫情”类 57 篇，分别占所有进入每日全端前十稿件的 25% 和 26%。

考虑到抽样周期包括了春节（呼吁加强防控、就地过年）、广东本土疫情反复（5—6 月）、秋季开学（8 月底）等可能导致疫情报道出现爆发式增长的时间节点，笔者认为，在一般情况下（指无特别节点、无疫情），“时政”与“疫情”题材的稿件进

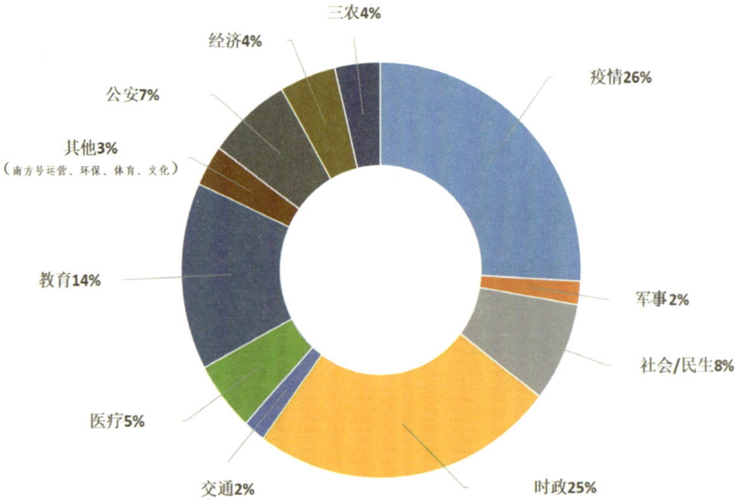

地方频道流量前十稿件题材分布

入前十榜单的数量应无偏差，甚至存在“时政”题材数量反超“疫情”题材的可能。

其次是“教育”题材，共32篇，占所有稿件的14%。教育类稿件（产品）在内容上又可细分为官方通告、学校建设、政策资讯、服务资讯等。尤其是教育局或学校方发布的“官方通告”，成为“教育”题材下二次细分后出现最多的内容。

“社会/民生”“公安”“医疗”题材以17篇、15篇和12篇的数量紧随其后，分别占所有稿件的8%、7%和5%。

综上所述，对地方频道而言，疫情、时政、教育、社会/民生、公安、医疗等题材的稿件更易进入前十榜单。

2. 流量冠军：疫情和教育题材最易出爆款

解决了“什么样的题材更易进入前十榜单”的问题后，一个新的问题产生了：在一众进入前十榜单的题材中，什么样的题材更容易出爆款？

如果以阅读量10万+作为爆款的入门标准，将所有入围前十榜单的稿件以阅读量进行划分，可以发现：在阅读量50万+的稿件中，疫情和教育题材各占一半。阅读量30万+的稿件中，疫情题材占比最多，达到66.7%；教育题材次之，占比16.7%；时政和三农题材表现势均力敌，占比均为8.3%。阅读量10万+的稿件中，疫情题材占33.3%，教育、时政和公安题材各占16.7%，其他占16.6%（三农题材占10%，南方号运营题材占3.3%，其余多种题材合占3.3%）。

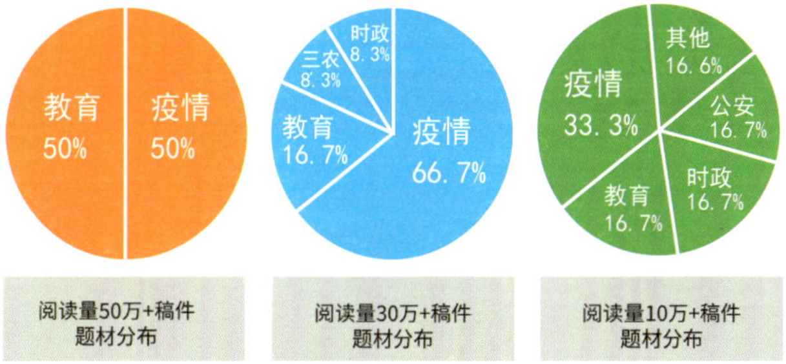

爆款稿件题材分析

综合以上各区间题材分布情况，地方频道进入前十榜单的爆款稿件，题材分布从多到少依次为：疫情、教育、时政、公安、三农、南方号运营。

如果排除疫情类题材在选样周期内的特殊影响因素，则爆款的题材从多到少依次为：教育、时政、公安、三农、南方号运营。

3. 平均表现：教育类、时政类双双进入第一梯队

所谓独力难支，仅有零星的几个爆款始终难以提升整个地方频道的流量。此时有必要引入"平均阅读数"的概念，平均阅读数 = 进入前十榜单的所有同题材稿件阅读总量 / 同题材稿件数量，它考察的是哪类题材在地方频道传播的平均表现更好。

计算前述 14 种题材稿件的阅读数平均数，按从高到低排序，依次为：南方号运营、军事、三农、疫情、教育、时政、公安、

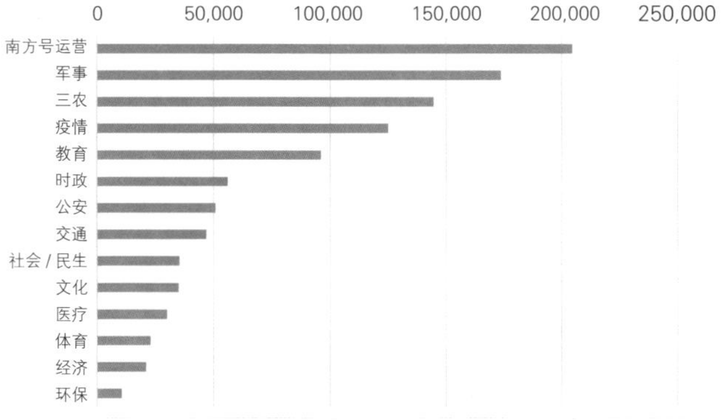

地方频道流量前十各题材平均阅读数

交通、社会/民生、文化、医疗、体育、经济、环保。

由于平均阅读数排行前三的题材全部都叠加了互动投票工具，排除形式上的差异（一般图文与投票）后，一般情况下，地方频道最受欢迎的题材前三名应为：疫情、教育、时政。

特别值得一提的是，无论是否将疫情类题材的特殊影响排除在外，此种视角下的“最受欢迎”题材前三，与用单篇稿件流量进行考察得出的结果都完全一致。

二、从题材分布看南方+客户端用户需求

使用与满足理论认为，受众的媒介接触活动是有特定需求和动机并得到满足的过程。移动阅读时代，用户注意力被严重分散，只有那些紧贴用户实际需求的内容，才能获得青睐。再进一步说，只有更充分地认识和了解用户，才能更明确传播的触角应伸向何处。

认识和了解用户，从用户画像开始。根据南方数媒研究院联合艾瑞研究院发布的南方+用户群体画像，南方+用户具有高素质、高影响力、高消费力的“三高”特征，大致可分为忠实用户、垂直用户、大众用户。其中，忠实用户为党政机关决策层，垂直用户为某个垂直领域或地域的关注者，大众用户是关心广东经济社会发展的群体。事实上，地方频道进入前十榜单的稿件在题材上的分布，正好满足了客户端三类用户的需求。

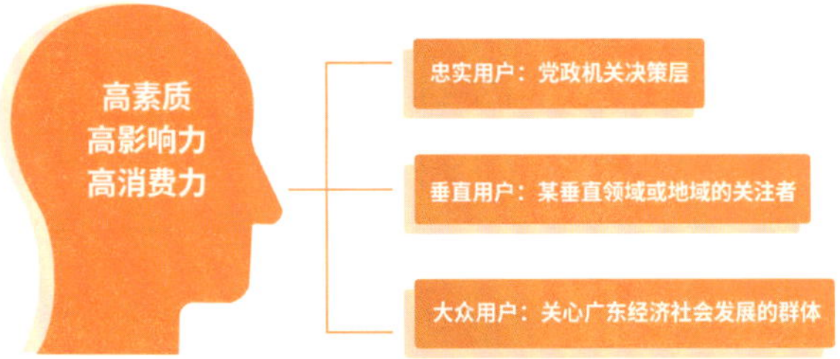

南方+用户群体画像

1. 教育题材的普适性

教育是最大的民生，教育引领未来。党的十九大报告提出，建设教育强国是中华民族伟大复兴的基础工程，必须把教育事业放在优先位置，加快教育现代化，办好人民满意的教育。从传播者的角度说，作为主流媒体的党媒客户端，南方+需要占领教育领域，打造最具公信力的传播阵地，贴近群众，及时准确地传播党和政府的教育决策，灵活反映群众的民意呼声。从受众的角度说，教育是最大的民生，越是高素质、高影响力、高消费力的人群，对教育越重视。正因如此，教育具备成为高流量题材的天然条件。以《梅州市教育局致师生家长的一封信：所有学生应在开学前14天居家观察》为例，2021年8月，开学在即，广东本土疫情却出现反复，返校前要不要做核酸检测？需不需要隔离？小道消息满天飞，亟需权威消息以正视听。该稿在梅州频道首发，明确了当地防疫要求，家长纷纷转发引起裂变式传播，短时间内流量迅速突破46万，成为当日流量全端第一。

2. 时政题材的必然选择

从南方$^+$的定位出发，党报基因根植于南方$^+$血脉，南方$^+$所有的内容生产都立足于党端这一基本立场。因此，诸如领导人活动、中心工作梳理以及人事动向、反腐行动等硬核时政资讯必然成为南方$^+$的主要内容。根据用户画像，南方$^+$目前的核心用户来自广东省公务人员、企事业单位员工等群体，这一群体对高端政经内容有着较大需求。因此，高质量的时政类深度报道或观点输出，必然获得核心用户的青睐。

最具代表意义的案例，是“十问汕头”的火爆出圈。2021 年 1 月 4 日，地方频道自营南方号“二月春风”发表《十问：汕头何日再出头？》一文，迅速在舆论场引发强震。上线 12 小时即获超 25 万流量、评论近百条。微博、微信、今日头条等平台上亦有众多网民自发转载。“深度＋观点”的行文，回顾了汕头辉煌开局、高开低走到“特困区”，再到如今希冀“迎头赶上”的历史，通过营商环境、支柱产业、高新产业、海洋经济、交通运输、城市基础设施、侨乡优势、人才窘境、城市规划、新时代出路等十个议题的设置，形成了充实饱满的内容，加上政府文件、官方数据、官员想法、专家声音作为佐证，给用户带来明显的信息增量，满足了核心用户对高端时政信息的需求，因而形成了良好的传播。

3. 题材之外的延伸思考

教育题材不仅在受众中具有普适性，对传播者同样具有普适性。

在梳理分析前十榜单题材分布的过程中，笔者留意到，在所有进入前十榜单的稿件中，来源为记者原创的稿件共 206 篇，另有 14 篇稿件来源为南方号。从数量上看，来源为南方号的文章仅占所有进入前十榜单稿件的 6.36%。但从单篇稿件流量来看，6.36% 的稿件中却出现了流量亚军——《快来打 call，喜看电白学校辉煌变迁》，此稿共获 51 万多的阅读量。不仅如此，在 14 篇进入前十榜单的南方号文章中，有 9 篇来自教育类南方号，占比高达 64%。

这也许可以给我们新的启示：尽管记者原创依然是地方频道流量的主要来源，但对于部分普适性题材的内容生产，头部南方号协同生产所带来的流量同样不容小觑。

三、结论和建议

如前所述，过去 8 个月 243 天的前十榜单数据反映，最受地方频道用户欢迎的报道题材集中于疫情、教育、时政领域，用户对公安、社会 / 民生、医疗、文化、体育、经济等题材的报道也较为关注。以此结论作为辅助，地方频道采编人员应采取更为精准的内容生产和运营策略，以此培养用户的使用习惯，提高用户黏性和活跃度。

1. 加大创作倾斜，紧贴用户需求生产

南方+客户端的定位和用户的需求决定了地方频道内容生产

的方向。地方频道采编团队应结合用户画像，加大对前述受用户欢迎题材尤其是教育、时政类题材的创作倾斜。

互联网带来的变革性冲击，使用户拥有极大的自由，可在多平台、多内容之间不停选择和转换，直至形成对某个平台的信任和依赖，重新聚合起被分散的注意力并形成使用习惯。因此，地方频道应首先加大对目标用户关注题材的创作倾斜，吸引用户注意，使用户对频道建立起普遍信任。在此基础上，结合党端的特性和资源优势，致力于为目标用户打造更高一级的深阅读场景，如“十问汕头”一类的强观点输出，才有可能让用户对地方频道形成依赖，从而留在地方频道。

2. 加强协同生产，激活一体化效能

对受用户欢迎题材的感知，头部南方号也许比地方频道自有采编团队更为敏感。地方频道应该重视头部南方号的培育，激活“南方号小编”等“全媒体通讯员”的开放生产能力，加大与自有采编团队的融合力度，使其成为与自有采编团队协同作战的内容供应者。

如此，一来可以提高频道内容生产产能，建立并充实地方频道内容池；二来有望实现更快速、精准的发布。因为“全媒体通讯员”本身就处于新闻事件的环境之中，比采编团队更容易快速抵达新闻核心现场，也更容易触达新闻题材所在的用户圈层核心，从而引起圈层共振，形成大范围的传播。需要注意的是，开放生

产的前提是必须建立并确保南方+首发制度。只要确保南方+的首发权，即使后续的传播渠道已不限于南方+，传播内容实际已带上强烈的南方+印记，客观上将扩大和加速南方+的品牌传播。

如何让村（居）群众参与南方⁺的活动？

南方⁺平台在县域的流量运营实践

南方日报拥有以政务人员、商人和专业人士为主体的读者群，作为南方日报的移动客户端，南方⁺客户端延续了这一读者群。可如何让县、镇、村一级的居民和村民接受并与南方⁺客户端的内容深度互动？在粤东、粤西、粤北地区的县域，如何在下沉市场获取读者和内容的参与者？2021 年 7 月和 9 月，汕尾市陆丰市举行的两场乡村振兴擂台赛能提供一些参考。

这两场擂台赛，南方⁺客户端均深度参与，并获得了不俗的流量。首场擂台赛，视频直播观看量约 29 万（包括后期观看“回放”），相关新闻报道单篇页面阅读量超过 87 万，投票活动票数超过 500 万张。不仅如此，本场活动还带动了超 10 万人下载南方⁺ App，达到了非常好的引流效果。第二场擂台赛，在直播分流的情况下，视频直播观看量依然超过 10 万，拉动了大量的下载，多篇图文报道达数万阅读量。

一、多形式、动态性、强互动就可吸引到普通群众

2021 年 7 月 16 日晚 8 点，陆丰市乡村振兴擂台赛首场比赛在陆丰市政府会议中心“开擂”，同步展开网络直播，陆丰市委副书记、宣传部长、常务副市长、政协主席、人大常委会主任五位领导作为“带长”，代表五条乡村振兴示范带上台打擂。五位“带长”通过“成绩展示”“互评互促”等环节为自己所代表的示范带进行拉票，角逐最高 2 亿元的乡村振兴项目建设资金。

南方日报汕尾记者站采编团队通过图文、海报、视频直播、投票、视频等形式，全景呈现了本次擂台赛；同时，针对乡村振

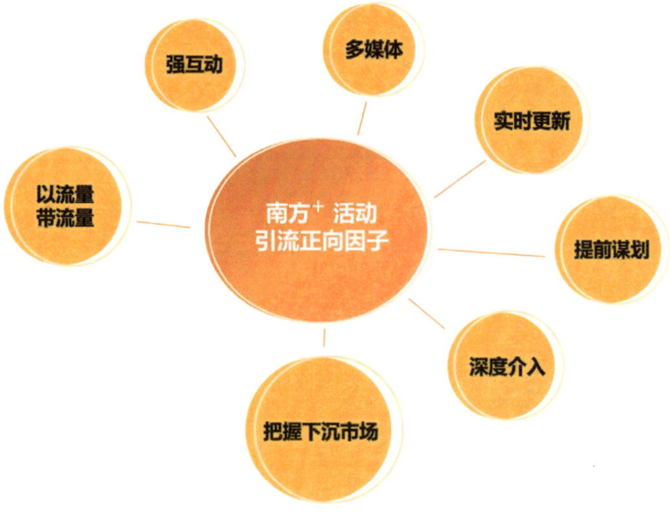

南方⁺汕尾频道流量运营实践

兴示范带建设推进会、示范带动态建设过程、擂台赛直播预告、示范带投票、示范带投票助力、擂台赛现场直播、擂台赛赛后总结等阶段，动态性地发布新闻产品；尤其是投票助力环节，通过发动各条示范带所包含的各个镇（区）投票助力，充分吸引了关注，增加了传播的广度和深度。

经过悉心经营，基于内容的多形式、动态性、强互动，本次陆丰市乡村振兴擂台赛的相关内容不仅获得了陆丰市党政部门的密切关注和广泛参与，也在陆丰市普通群众（包括社区居民、村民）中获得广泛传播，甚至传播到了珠三角、北京、上海、杭州等地。

在第二季擂台赛时，我们的内容根据擂台赛的形式进行调整，因为本次擂台赛除了展现乡村振兴景观示范带的规划和景点外，还重点展现其产业、文化底蕴和群众参与，擂台赛引入了“代言人”制度，邀请了国内旅游达人、摄影爱好者拍摄五条示范带。对此，我们的报道重点展现各条示范带的产业以及群众参与，同时发布了示范带“代言人”视频，关注国内旅游达人、摄影爱好者对示范带建设的评价和感想。

当天晚上的直播作为第二季擂台赛报道的重点，我们展现活动现场的舞台效果、文艺节目的丰富多彩等，配合图文《陆丰这场擂台赛，既是乡村振兴成效比拼，也是文艺盛宴》，再次获得了流量上的成功，当天直播的观看量超过 10 万，多篇图文报道的阅读量达到数万。

二、提前谋划、深度介入、保持原创性和深度性就可绑定主流人群

群众和村组干部积极参与互动，投入到拉票助力的环节中，可以说实现了很好的“下达”，那么如何让流量向县、市一级，甚至省一级传导，实现“上传”？在这两次乡村振兴示范带擂台赛中，我们采取了提前谋划、深度介入、保持原创性和深度性的策略，这也让我们的内容在县一级、市一级，甚至省一级的党政干部中传播，保持了南方+客户端一贯的主流圈层优势。

在这两次活动中，汕尾记者站报道团队提前谋划、深度介入，在紧紧跟进报道活动进展的同时，深度思考不同阶段应该以何角度和切入点生产新闻产品，确定方向后第一时间发布独家原创报道。如活动确定后，第一时间发布消息稿件，预告活动信息《干得好的先拿钱先建设！陆丰四套班子齐 PK 只为这件事》，报道参与活动的乡贤，通过短视频展现乡贤对这场活动的支持——《陆丰 PK 打擂竞争激烈，龚俊龙等乡贤视频助力网络投票》；第二季擂台赛针对产业引入这一重点，推出“为××××示范带代言”系列报道，如《为薪火蓝湾示范带代言：既有红色资源，又有特色产业》《为龙潭湖谷示范带代言：银滩飞瀑、菠萝盛宴令游客流连忘返》《为龙潭湖谷示范带代言：牛大力体验官可吃住购，初步形成农旅综合体》。

从南方+客户端后台统计数据分析：不管是第一季擂台赛，

还是第二季擂台赛，读者除了来自陆丰市、汕尾市之外，都扩展到了广州、深圳、佛山、东莞等珠三角城市，以及北京、上海、杭州等核心城市，这都得益于我们的权威性、原创性和深度性。

三、“下沉市场”大有可为

两次乡村振兴擂台赛还让我们体会到：“下沉市场”大有可为，尤其是粤东、粤西、粤北的县域，依然有很好的流量（黏性强、互动性强、参与度深）待发掘。

作为最早接触智能手机、使用移动互联网的群体，一二线城市（甚至三四线城市）群众曾是移动互联网平台的流量主力军。然而，时至今日，这些流量已被各大新媒体平台瓜分殆尽，而随着“下沉市场”（如粤东县级市陆丰市）移动互联网网民数量的增多，“下沉市场”成为新的、具有巨大潜力的流量市场。2018年9月14日，趣头条的上市把“下沉市场”用户的重要性给彻底展现出来，而抖音、西瓜视频、快手等短视频App的爆发式增长，更加凸显了这些区域用户的市场价值。所以，党报网络平台有很大一部分流量来自于“下沉市场”，且仍有广泛的开发空间。

以陆丰市为例，陆丰市此前是一个基础差、底子薄，对外形象有待提升的粤东县级市。近两年，随着新领导班子、新思路、新理念的到来，陆丰发生了翻天覆地的变化，在这种巨变中，陆丰基层党员干部和普通群众，更渴望外界认同，对于能够彰显本地形象的一些线上互动活动，参与度较高，积极性很强。此前，南方日报汕尾记者站在报道“8位村书记上台打擂”时，图文阅读量超过百万，投票板块投票数达到数十万，留言数超过1100条，这就证明：陆丰这样的县域有很强的流量价值，值得好好谋划，以此提升南方⁺客户端的影响力。

四、对于流量的延伸和合理化利用：以流量带动其他活动

党报网络平台对流量的利用，除了传递党的声音、助力地方中心工作外，还能提升自身影响力，带动其他“非热门”内容。以本次陆丰乡村振兴擂台赛活动为例，活动进行期间，客户端内其他的内容和板块流量明显增长，下载量迅速增加。

可以预见的大流量活动数量是有限的，所以，党报网络平台应发挥自身优势：一方面，利用好自己的流量优势，做好对大型政务活动的宣传推广；另一方面，应注重对流量的合理化、高效化利用。

互联网时代，得流量者得天下。对于南方⁺客户端来说，在党员干部这类群体之外，如果能获得更多普通群众的关注，实现普通群众积极阅读平台的新闻报道、参与平台的线上活动，进而传播平台的内容，就能将党报的声音传播得更远，让政府部门的政策、重点工作更加深入人心，从而达到增强党报影响力、服务

中心工作的目的。流量时代的到来对省级党报网络平台提出了更高的要求，既要站在省一级的站位上，抓住地方的重点、关键性政府工作；同时，也要足够下沉，吸引县一级、乡一级，甚至村一级的普通群众关注。这就需要做到：敏锐地发现并紧紧抓住每次大的“流量事件”，最大限度传播平台影响力，提高平台知名度。

案例

《十问：汕头何日再出头？》“引爆”因素分析

2021年1月4日21：58，《十问：汕头何日再出头？》（以下简称“十问”）在南方⁺客户端南方号“二月春风”发布。截至9月中旬，文章总阅读量超过26万次，转发近5000次，点赞数1265，评论95条。

爆款是如何诞生的，又是如何“引爆”的？我们试图以“十问”为例进行分析，探究爆款制作要素及“引爆”因素。

要素1：切中关注点

2020年10月13日，习近平总书记视察汕头，要求汕头以更大魄力、在更高起点上推进改革开放，在新时代经济特区建设中迎头赶上。

“迎头赶上”由此成为舆论场热议的高频词。对于汕头来说，这四个字是要求，也是警醒。正如“十问”所说：“曾名闻海内外的经济特区汕头，被一些人称为‘特困区’。”从成为第一批经济特区，位列中国改革开放第一梯队的“出头”，到在历史进程中“掉队”，原因何在？面对这样的窘境，汕头又如何直面问题、闯出新路？

这些问题，汇聚着很多人的目光。目光背后，是观望，也是期待。这是人民的关切，更是历史所捧出的问卷。

“文章合为时而著。”每一个爆款作品的诞生，都是因为在某种程度上契合了当下的民众关切和舆论热点。在这样的大背景下，对汕头这座城市的过去、现在和未来发出追问正合时宜。此文通过入驻南方+的南方号发布，彰显了权威主流媒体的责任感和使命感——对地级市政府履职的监督，原本就是媒体的职责担当。

要素 2：扣住共情点

爆款之所以成为爆款，归根结底是因为内容打动了人心。“十问”成为爆款，优质内容是重要因素。纵观“十问”，既有对汕头走弯路的分析，又有对未来如何破解核心问题的思索。每一问，都基于扎实的调研、深刻的洞察和全面的思考，都能直指真实的痛点，也因而扣住了受众内心深处的共情点。

第一问以数据引入，从营商环境开始问起。为什么是营商环境？

从文中显示的《2020 年中国 296 个地级及以上城市营商环境报告》中可见，同为第一批经济特区的深圳排名第 1，厦门排名

13，珠海排名15，均处于全国前列。而汕头的排名是137位。

与之形成鲜明对比的是，汕头在特区初创之时，在国内开政府机关对企业服务承诺制先河，轰动海内外。但从20世纪90年代末开始，信用缺失现象却影响了汕头的长远发展。在坊间看来，汕头“失去的20年”，正是因为失去了良好的营商土壤。

汕头如何实现营商环境的“翻身”，也是省委的关注点：省委主要领导两次到汕头调研，都谈到了营商环境，要求汕头“营造良好发展环境，不遗余力建设法治政府、法治社会，强力维护社会和谐稳定，营造重商安商亲商的市场环境，提升城市竞争力吸引力软实力”“围绕优化营商环境推动创造型、引领型改革，以背水一战的决心和勇气打好营商环境翻身仗”。

相对落后的营商环境，是汕头最深的痛。“十问”将营商环境作为第一问，最贴合汕头实际，也最能引人共鸣。

像这样从历史和现实、城市与城市之间进行对比的，还有第二问、第三问——产业之问，第四问——港口发展之问等。辉煌的过去与乏力的现实在文中穿插呈现，汕头与深圳、厦门等经济特区的数据对比，在文中形成了强烈反差，事实有理有据，数据可视可读，增加了文章的说服力。

“十问”还从民众经常“吐槽”的痛点切入：“‘省尾国脚’究竟是发展的裹脚布，还是遮羞布？”“一个城市多张蓝图，规划为何频频‘改弦更张’？”“一条大学路修了30年，汕头城市建设困境如何破？”“‘孔雀东南飞’，人才流失怪圈怎么破？”

这四问，从民众最常诟病的交通、规划、建设、人才四个维度引发反思、输出观点，文风犀利有力，表达精准高效，读来节奏明快、畅快淋漓，有着新媒体爆款的特质。

追问并不仅是质疑，更多在于唤醒和冀望。“‘侨’牌怎么打”“新路如何闯”两问落脚于解题，也呼应了文章的总基调：探讨“立何处”，推动“再出头”。

事实上，这正是扣住受众共情点的关键——受众关注城市发展、期待未来更好的憧憬，与文章形成强烈的共情和共鸣。

要素 3：选准“引爆点”

共情被激发之后，被唤起的是分享欲。受众成为主动传播者，自愿转发、评论，加速了“十问”的裂变传播效应。

但经分析可发现，文章发布节点在此爆款文章的传播中起到重要作用——即“引爆点”。

“十问”发布时间为 1 月 4 日。彼时是 2021 新年伊始，汕头市“十四五”规划正在紧锣密鼓地谋划着，而这是关系到汕头未来发展的纲领性文件。在此重要节点上抛出对汕头的“十问”，不仅为官方提供思考、决策的另一个视野，也激发了关注汕头乃至经济特区建设的民众的热情，引导他们对“十四五”规划建言献策。

“十问”的评论印证了这一点。在 95 条评论中，有超过

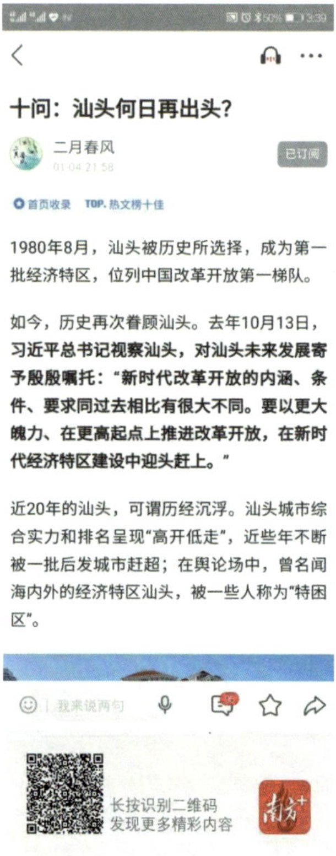

《十问：汕头何日再出头？》

60%的受众表示认同，认为问题问到了点子上，并就“汕头应如何进一步发展”的议题表达了相关观点；约20%的受众表示，希望获悉“汕头如何作答”；还有约10%的受众表示自己就是汕头人，要为家乡加油鼓劲。

再来看具体发布时间——1月4日，星期一，21：58。根据社交媒体追踪服务分析工具BuzzSumo对不同社交媒体上近1亿篇自媒体文章进行分析后发布的报告，尽管不同社交媒体之间略有差异，但总的来说，周二的传播效果都是最好的，转发分享量最高。

从发布后24小时趋势图可见，“十问”发布后1个小时内就达到了浏览增速顶峰，随后随着受众进入休息时间而下降；在次日上午7时到9时，又进入一个次高峰，当天12时和19时，各出现小高峰。在12小时内，文章阅读量就超过了10万。可以说,“十问”正好赶上了周二这个“转发分享高峰期”。

诚然,选择“引爆点”很关键,但最重要的依然是优质内容。再精心设计“引爆点”、激发分享欲,如果没有能够聚焦民众关切、引发共情共鸣的好内容,就是一句空话。

案例

茂名疫情稿包揽全端当日流量前五席

2022年3月23日，茂南区发现1例新冠肺炎确诊病例、1例无症状感染者。从23日深夜官方通报疑似阳性人员活动轨迹起，地方新闻部与茂名记者站迅速响应，加强采编联动，在稳的基础上强化首发意识，在杂乱的疫情信息中强化聚集的打法，在各大媒体报道中脱颖而出。24日21时，在南方+客户端流量排行榜中，来自茂名的疫情首发稿件包揽前五名。此次茂名疫情报道特点主要有两个方面：

一是强化首发意识。此次茂名本土疫情发生后，茂名站加强与疫情防控部门的衔接，所有来自官方的权威信息皆与官方发布几乎同步发出，并立足新闻点改写新闻报道，区别于地方政务发布的原文照搬，取得了舆论引导的积极成效，如茂名频道发布《茂名最新通告：即日起暂停现场祭扫活动》，且内文提炼有效信息删去冗余内容，其他媒体则将《茂名市新冠肺炎防控指挥办关于2022年清明期间暂停祭扫活动的通告》作为标题。此外，一些服务市民的资讯，通过记者求证的方式抢得了首发，如3月24日原本是茂名机场快线开通的日子，茂名记者站获悉机场快线因疫情原因暂停后，与相关部门求证并迅速发布茂名机场快线暂停运营信息，成为全城媒体“通稿”。从23日深夜官方通报到24日晚近一天时间里，茂名频道发布原创稿件26篇，其中流量过万稿件11篇，10万+稿件3篇，单篇流量最高超过30万。

茂名稿件流量排行榜

二是聚集与多角度协同出击。24日早，广东省卫健委通报茂名23日疫情信息后，南方+茂名频道建立滚动报道，为涉及疫情的权威发布、便民服务等关注度高的报道提炼内容作导读，并附上阅读详情的跳转链接。在强调信息聚集的同时，茂名频道注重疫情信息的多角度出击，围绕不同的疫情题材发布原创稿件直面读者，再到滚动中作导读。在疫情发生的杂乱信息环境中，建立信息流聚集的滚动帖，对于权威引导、缓解疫情下的信息焦虑起到积极作用。滚动报道持续传播扩散，扎根在越来越多读者的微信群、朋友圈，为新发布稿件作了很好的导流效果。至24日晚，这篇滚动报道流量已超过30万。

案例

揭阳频道：用短视频新闻探索下沉策略新途径

躬身下沉接地气，实施下沉策略是南方报业传媒集团坚持“长期主义”的重要举措，是省级党媒激发末梢活力、全方位深度连接基层用户的必由之路。其中，打造短视频新闻、实现新闻可视化，就是落实 下沉策略的生动实践。南方日报揭阳记者站，一年来积极探索融媒转型，在做好文字报道的同时致力将新闻“短视频化”，在一年里产出288个短视频新闻、浏览量突破650万，内容涵盖时政经济、文化历史、人文习俗、自然风景等内容，以一批内容短小生动、视听叙事手法丰富以及“有温度、有思想、有品质”的短视频新闻，力促新闻宣传报道“动”起来、下沉到最广大的百姓群众中间。

一、短视频新闻：移动互联网时代的下沉“轻骑兵”

相对于文字报道的静态模式和电视新闻的全景展示，短视频新闻更像是短小精悍的特写，是回答受众最关心最感兴趣问题的移动互联网时代的“轻骑兵”，面向“移动”凝练“微叙事”模式，让短视频新闻得以即时、快速下沉传播。

1. 满足受众对权威信息获取的需求

移动互联网时代，短视频新闻能突破泛娱乐化短视频的围城，成为传统主流媒体融合传播的重要手段，除了技术创新带来的全新新闻体验外，更重要的是满足了受众获取权威信息的需求，受众希望通过短视频目睹新闻现场的真实，获得一手的具有权威性和公信力的新闻信息。这时候，传统主流媒体的省级党媒报纸依托融合传播技术的更新，加上拥有自媒体无法比拟的权威信源优势，使得其生产的短视频新闻因权威性、公信力和专业的新闻视角、创作水准等优势，更容易获得受众的青睐。

基于此，揭阳记者站迅速融入视频时代潮流，在各种重大事件发生的第一时间同步推出文字和短视频新闻报道，为受众提供最及时、最准确的官方消息。如 2021 年 12 月 31 日揭阳市第七次党代会闭幕并选出新一届领导班子，揭阳站记者全员出动、前后方配合，在揭阳全市最先发布新一届领导班子亮相的现场画面，视频迅速发酵传播，短短 24 小时内就达到近 20 万浏览量，远超当地电视台和日报的传播效果，为揭阳记者站转型视频新闻打赢漂亮一仗；又比如，2022 年 8 月新一轮新冠肺炎疫情波及揭阳，揭阳记者站第一时间推出近 50 条视频快讯，及时为广大市民通报确诊病例活动轨迹、封控区范围、疫区管理规定等重要讯息，

7 天内疫情快讯视频的点击量破 40 万，用户关注数节节攀升、用户粘性不断增强。

从重要时政新闻、重大事件的现场原声，到社会热点、百姓关注的民生服务……揭阳记者站打造的短视频新闻颠覆了传统电视新闻的播报方式，更多地融入了现场场景、人物原声、字幕、音乐、界面语言等新媒体表达元素，潜移默化地对受众进行延伸指引，在当地老百姓当中实现了传播力和影响力的双赢。

2. 给受众带来真实的现场体验

受众喜爱短视频新闻的原因,除了能获取即时的权威的信息，还在于他们能通过视频感受新闻现场带来的真实体验。

夏季台风来袭，记者带你“追台风”；八月开渔，带你直击深夜两点热闹的神泉渔港；九月开学，一起看看广东工业大学揭阳校区的新生报道现场……一个个生动的视频画面，带着观众穿越屏幕来到新闻现场，沉浸式体验正是短视频新闻独有的魅力。

除了特殊的时间节点活动，讲好一个故事同样能为受众带来印象深刻的现场体验。揭阳市是潮汕文化的发祥地之一，玉雕、木雕、糖葱、手拉茶叶罐……一份份非物质文化遗产、一项项民间传统技艺，在一代代能工巧匠的手中得到传承。2021 年，南方日报揭阳记者站联合揭阳市委网信办推出“寻师访匠看揭阳”系列视频报道，通过对 10 位大师巧匠的镜头采访，讲述了 10 个动人的工艺故事，让受众不仅收看到一条现场感强、信息量丰富的短视频新闻作品，更感受到媒体人的社会责任感和专业新闻传播带来的人文关怀。

3. 短视频新闻：传播渠道社交化、传播效果高效化

随着移动互联网的发展，每个人的工作和生活越来越离不开移动端，对短视频新闻的获取也更加倾向于新媒体。用户不仅可以通过社交平台关注短视频新闻，而且还可以通过社交平台进行点赞、分享、互动。揭阳记者站生产的短视频新闻，其载体正是两个新媒体平台：南方⁺App、“南方⁺今日揭阳”微信视频号，其中微信视频号不仅是新媒体，更是一个庞大的熟人社交平台，视频号里每一次点赞，都可能带来一次跨圈层传播。如领导点赞了某个视频，那该视频很大概率会传播到上层公务员系统，再由上至下如涟漪一样荡开传播。凭借强大的社交属性加持，短视频新闻拓展了传播空间，极大地提升了传播效果。

同时，短视频新闻还具有传播高效的优点。传统的新闻报道载体比较单一，比如报纸以文字形式、广播以声音形式、电视以声画形式呈现，而短视频新闻有着多种表达方式，可以将文字、音频和视频有机结合起来，截取关键信息，具有较强的冲击力和表现力。比如《揭阳新一届领导班子亮相》视频仅7—8秒，却因为短小精悍而取得了巨大的传播效果。在快节奏的工作和生活环境下，短视频新闻更符合用户即时、高效的信息获取要求，因而其传播范围更广、影响力更大。

最后，短视频新闻具有受众年轻化的特点。短视频新闻以其简单、直白、碎片化的特征以及个性化的表达方式受到了年轻人的青睐。这些年轻人是伴随着网络发展成长起来的，养成了利用碎片化时间获取信息的习惯，短视频新闻则有效地契合了年轻群体的新闻获取需求。为了积极适应年轻人市场，揭阳站也锻炼出一支年轻的视频制作队伍，团队全员拍摄剪辑样样通，以年轻人的第一视角去制作活泼生动、创意有趣的短视频新闻产品，让年轻受众在收看过程中产生情感共鸣和身份认同，进而提高对我们的认可度和忠诚度。

二、短视频新闻：重心下沉讲好身边的故事

1. 深耕原创内容，强化新闻深度

融媒体环境下，新闻从产生到消失所经历的时间越来越短，在有限的时间内，深度内容并未被充分挖掘。“短”并不排斥“深”，只有深耕原创，才能让用户在最短的时间里获取最有用的信息，拉近媒体与用户的距离，引发用户强烈的共鸣。

揭阳站推出的《行走千年古邑：城隍庙里有光阴》短视频作品，以1分半的时长将揭阳城隍庙的悠久历史娓娓道来，将美轮美奂的建筑艺术、潮韵十足的人文特色展示得淋漓尽致，再次擦亮“千年古邑揭阳”的历史印记；《文明花开满城，古邑焕发活力》视频，走进揭阳山水田野间、潮式祠堂内，听孩童们用“潮语”传

唱党的政策，感受文明如榕江水滋润千年古城揭阳；《致敬坚守山海交接处的“军勇者”》在2022年“八一”建军节当天推出，让人领略到惠来海防民兵哨所守卫边疆的家国情怀。

2. 创新表现形式，视听叙事立体呈现

短视频新闻是通过视觉传递信息，其表现形式影响着内容的多样化呈现，也影响着传播效果。揭阳站在制作过程中，针对不同的内容设计个性化元素，在风格上大胆创新，不断优化用户的浏览体验。

如2022年中国“惠来五宝”（预制菜）国际网络节＋云展会的视频新闻，就手绘了猪脚、鲍鱼、荔枝、菠萝、鱼丸五款食物漫画作为视频底图；在“追台风”视频中，街访群众的幽默金句也用了花式字幕更显轻松诙谐；《揭阳“美”一处》系列美景视频，也运用了无人机航拍等技术手段，以大片效果展示揭阳山河的气势磅礴；多个活动视频也采用竖屏模式、实现垂直叙事。在短视频新闻中，相比横屏，竖屏更能集中用户注意力、凸显新闻事件细节，具有更强的冲击力。

3. 从报纸上到镜头中，打造品牌扩大影响

要实现原创短视频新闻的可持续化，就需要注入源源不断的动力。揭阳记者站持续策划专题系列短视频，如《决胜全面建成小康社会　揭阳乡村行》系列视频展现8个宜居宜业新农村，《揭

阳来了工作队》系列5期走访驻镇工作队帮扶成果，已推出9期的《揭阳“美”一处》挖掘黄花风铃木、粉色樱花海、横江河峯两个水库的山河美景等，《聚焦揭阳“三个最”》专访揭阳5个局长，一探其优化政务服务环境的工作究竟。

除了专题系列形成品牌效应，揭阳记者站在形式上也作了更多尝试。针对时政视频新闻，在动态报道画面上方，制作了与纸质版《南方日报》同款的报头样式，观众仿佛捧着一份《南方日报》浏览，而报道内容会主动“动”起来调动读者的阅读兴趣。在上百个爆款短视频新闻传播过程中，既提升了读者对南方日报的认知度和信任度，反过来又增强了视频本身的权威性和可信度，互相助益、互利共赢。

短视频新闻同时也存在同质化严重、用户互动率低、碎片化传播等问题，这就要求我们媒体创作者不仅要在内容制作、叙事手段、传播方式上有所突破，更要兼顾时效、创意、传播效果等，力求创新和发展，从而突破瓶颈、增强核心竞争力。

如今，在媒体融合发展的变革时代，各类媒体相互吸取经验，利用技术求得新时代的一席之地，这促使短视频新闻正以日新月异的迅猛速度整合、创新、发展，俨然已成为当下传媒业中的热点现象，同时也是传统主流媒体转型改革的一股新力量。随着短视频新闻的不断丰富化、原创化、共享化以及互动化发展，新闻媒体将在未来的社会进程中实现更高的社会价值。

在重心下沉、融媒发展的时代，我们有了更多、更充分的内容表达的机会，如何利用好多样化的形式讲好身边的故事、真正把故事讲到百姓心坎里，这既是新的机遇也是新的挑战。

点评

深耕下沉是必由之路

以南方⁺共建频道为例

◎郭全中
中央民族大学新闻与传播学院教授

移动客户端已经是各级各地媒体深度融合的必然选项，但要做好移动客户端必须在遵循互联网发展规律的基础上，紧密结合自身资源、优势等来选择适合自身的定位、思路、策略。南方$^{+}$区域性综合性服务平台的战略定位，充分发挥自身资源优势的深耕下沉思路，以及南方$^{+}$共建频道的具体策略，为其他区域性媒体的深度融合转型提供了很好的经验借鉴。

一、综合性服务平台才有真机会

互联网、大数据、人工智能等新技术颠覆了传统媒体的“二次销售”商业模式，并打破了不同行业之间的界限，横跨多个行业，商业、民生与政务服务相融合的综合性服务平台成为主流趋势，区域性媒体要建设互联网平台，自然也不能例外，必须基于

建设综合性服务平台成为媒体发展主流趋势

所在区域打造当地的综合性服务平台。

第一，单纯的新闻客户端难以重建用户连接和重建商业模式与赢利模式。从互联网媒体实践来看，门户网站的营业收入基本上都处于下滑通道且呈现亏损状态，充分说明单纯依靠新闻的模式已经难以为继。而区域性新闻客户端相比于门户网站，能够汇集的新闻数量更少，单纯依赖新闻难以有效触达和转化足够多的用户，更遑论重建商业模式和赢利模式。

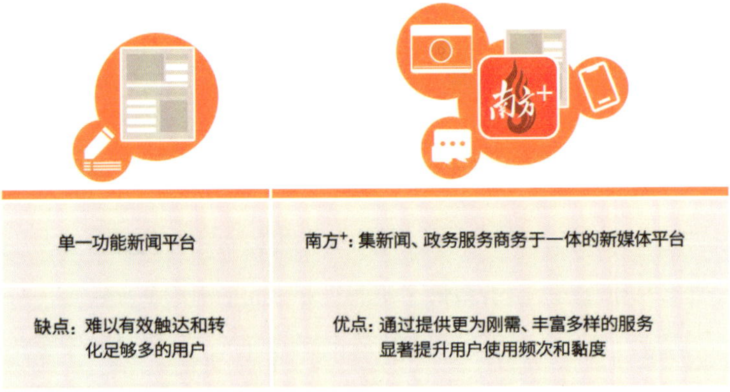

南方⁺定位为基于广东面向全国的综合性服务平台

第二，综合性服务平台才是正解。根据梅特卡夫定律，网络价值与用户数量的平方成正比，这就要求移动客户端想方设法获得更多的用户，否则难以重构商业模式和赢利模式。对于区域性移动客户端来说，由于拓展区域外用户难度极大，且区域内用户规模有限，这就需要通过提供综合性服务来拓展服务边界以吸引更多的用户。此外，综合性服务平台通过为用户提供更为刚需、丰富多样的服务来显著提升用户使用频次和黏度。整体来说，为了获得更多用户和提升用户流量与黏度，区域性的移动客户端只有定位为综合性服务平台，才有取得成功的可能性。

第三，南方$^{+}$定位为基于广东面向全国的综合性服务平台。南方$^{+}$作为南方报业传媒集团的融合发展主平台，是集全集团之力打造的区域新媒体平台，是广东省委、省政府的权威信息发布平台，更是区域综合服务平台。南方$^{+}$通过构建起“新闻＋政务服务商务”的服务体系，以新闻传媒为核心，融合党建服务、政务服务、文创服务、数据服务、交易服务、城市服务、智慧生活的业务结构和服务功能。科学准确的战略定位，为南方$^{+}$的快速发展奠定了坚实基础，取得了社会效益和经济效益的双丰收。

二、深耕下沉思路能够最大化地发挥区域性媒体的资源优势

区域性媒体的最大资源是区域化资源，包括与所在区域内党政机构的良好关系、对所在区域内用户的深层次覆盖、与所在区

域内商业机构的长期合作等。区域化资源优势要转化为胜势，深耕下沉是必由之路。

第一，南方报业等区域性媒体长期以来擅长深耕下沉。在传统媒体昌盛时期，深耕下沉便是区域性传统媒体的一大优势，一方面通过业务下沉，尽可能地全面覆盖所在区域和高效对接各类资源；另一方面通过深耕细作，实现各类资源的最大化变现。南方报业传媒集团长期以来实施深耕下沉思路，早在21世纪初，《南方日报》《南方都市报》等就在泛珠三角地区创办地方版，甚至进一步下沉到县级区域，不仅锻炼出了一支高素质的人才队伍，而且取得了社会效益和经济效益的双丰收。

第二，南方$^+$积极实施深耕下沉思路。在我国进入媒体深度融合深水期的新阶段，南方报业积极实施移动客户端的深耕下沉。早在2018年3月，南方$^+$就提出了以频道建设为载体，推进与地方党委、政府开展深度合作，推动新型主流媒体资源下沉到区域，聚焦地方党委、政府中心工作，积极探索主流媒体与地方工作从相加走向相融的新模式。以优质内容占领、守牢网络舆论场，切实提升主流媒体的传播力、引导力、影响力、公信力，做大做强区域主流舆论阵地。南方$^+$客户端向广东各地的市、县、区乃至镇（街）延伸，形成广铺网、深渗透、强政务的扩张模式。截至2022年9月，南方$^+$客户端在21个“城事”频道的基础上，拓展上线了各地级以上市下共400多个县（区）、镇（街）、垂直系统的合办频道，它们分别由南方日报珠三角新闻部，地方新闻部与区（县）、镇（街）和垂直系统共建运营。

南方⁺地方频道建设“三步走”

具体来说，南方⁺地方频道经过“三步走”，逐步从提供媒体服务走向了平台化“多方共建”。第一步，采用合办频道方式，打造信息“全集纳”平台；第二步，试点垂直领域“多方共建”，以新模式连接更多优质用户；第三步，拓展深度调研、第三方评估、舆情研判、咨询培训、论坛活动等特色化、定制类服务，形成新的产品服务体系，实现新闻和智库协同生产。“三步走”帮助地方频道逐步实现与用户之间的共生共融，从而搭建起一个媒体与用户互为价值、融合发展的共建生态，以自身打造平台的创新实践，为融合发展提供了新的视角。细致到子平台的打造，同样以“连接更多用户、创造更大价值”作为导向，不断扩大朋友圈，为平台凝聚更多核心资源。例如，健康清远频道开通一个月，共建医疗机构就达到 9 家。“多方共建”使用户参与感得到提升，也为频道内容活跃呈现打下基础。在 2020 年新冠肺炎疫情初期报道中，汕头医疗频道创下单条稿件全网 1.47 亿阅读量的成绩，医疗系统参与内容策划、分发助推了爆款产品的形成。

三、共建基于移动客户端的频道是深耕下沉的有效策略

深耕下沉思路是构建综合性服务平台的有效路径，而在移动客户端上共建频道则是深耕下沉思路得以落地的关键措施。南方+的共建频道策略如下：

第一，找准合办频道拓展的精准着力点。一是南方+客户端在市和县（区）频道实现基本覆盖后，继续向数量更大的镇（街）一级开拓，为地区官方发布打造一个移动端的权威信息集散中枢。地市、县（区）、镇（街）频道共建，聚焦地方党委、政府中心工作，提供社会民生服务，做大做强区域主流舆论阵地。二是向金融、教育、医疗、环保等民生垂直领域开拓。通过垂直领域精细化运营，加强精准服务，拓展内容产品，从而创造主流媒体新的商业模式。三是以产业园区、国有企业等为重点切入产业经济领域，并在此基础上加快拓展纯商业客户。如梅州、汕头房产频道，由多个地产品牌以众筹方式出资共建；汕尾教育和茂名地产频道，则选择与商业公司合作，为推动频道市场化运作探路先行。

第二，重点做好内容建设。近年来，南方+合办频道紧扣重大节点，服务各地中心工作，内容生产不断推陈出新，以全媒体报道实现立体传播，带动流量和影响力双丰收。2020 年初，

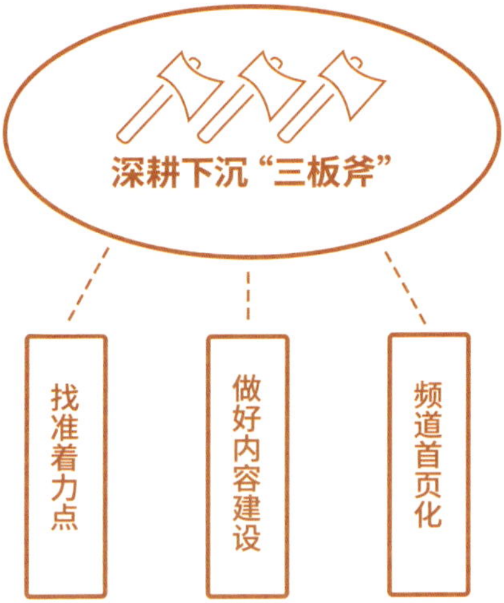

深耕下沉“三板斧”

新冠肺炎疫情突如其来，疫情期间，南方+客户端分别通过专题、频道等功能针对性梳理不同类别新闻和资讯，并采用机器学习技术辅助人工选稿，以从海量稿件中筛选出用户最关切的内容及时发布。严格执行三审三校制度，制定详细的内容审核标准，采用人工审核+机器辅助共同处理，严把刊播出口，将真实可信的疫情信息和防疫资讯带给用户，决不给虚假信息提供传播渠道。南方+客户端共运营与疫情相关专题超 65 个，覆盖广东全省，并为 21 个地级以上市、部分县（区）以及重点垂直领域设置针对性专题，大大提高细分内容的抵达效率。珠三角合办频道发布疫情相关稿件 3 万篇，流量超 3 亿。其中，以“停课不停学”为目的的“电视课堂”成效最为显著，大大提升了用户的黏性。

第三，通过频道首页化来实现南方⁺与共建方的共赢。南方⁺推行“频道首页化”，即以南方⁺客户端为母体，通过技术手段实现频道类似独立 App 的效果。一是入口首页化。针对频道入口太深，难以找到的痛点，创建频道快捷方式图标到手机桌面，作为频道入口，点击频道图标可直接打开频道首页，类似独立 App，相当于区域频道版的“小南方⁺”，大大提升频道打开效率。二是内容首页化。针对一些合办频道“内容更新量少”的痛点，一方面通过激励方式调动各运营部门进行原创内容生产；另一方面从技术上提供自动化工具，包括共享稿库、稿件自动更新等，来赋能内容生产，帮助运营部门快速找到和筛选符合自身频道定位的高质量内容，大大提升频道内容的更新频率。目前南方⁺已为全省 21 个地级以上市 400 多个区域频道[地级以上市、区(县)、街(镇)和垂直频道]、7000 家南方号入驻机构配备了频道首页化功能，频道一级带动一级，达到了链式裂变反应般的强大传播效果。通过频道首页化，实现了区域和行业频道入口前置，拉近了频道与用户的距离，凸显了本地区、本行业的特色。

后记

“风云际会，漫付伸舒。”在守正创新、深度融合大背景下，传统媒体正逐步转型为新型主流媒体。南方+客户端深耕区域的下沉策略，打的就是一场主力军全面挺进主战场的“战役”，覆盖了400多个区（县）及垂直频道，要打造广东“新闻+政务服务商务”权威发布的新平台。

平台意识决定开放生产，“多方共建”让频道变得更好看、更好用；参与其中的“新型通讯员”队伍，也因平台发展新需要，被赋予了评论发声、精准分发等更多职责。“内容为王”逐步走向“内容+分发为王”，定向引爆后的自觉分发，又进一步促进了平台传播力的建设。统筹以上工作、深耕区域新闻的跑线记者开始向频道运营者转型。在平台赋能下，实施“频道责任制”为记者全面提升服务能力提供机会。通过人的观念、角色转换实现媒体全面转型，在深耕中出精品、爆款。

本书讲述的是2018年以来，南方日报地方新闻部在南方+深耕地方频道进行的全面探索，主要是在粤东、粤西、粤北各分社、记者站实践的成果。第一章《深融方法》由黄学佳、张锦标主笔；第二章《平台意识》由陈丹佳、林露主笔；第三章《转型思维》由刘秋宜、魏金锋主笔；第四章《定向引爆》由杨可、莫凡主笔，相关案例由各站组织撰写，现结集出版，投石问路，抛砖引玉。

编者

2022 年 10 月